Peter Simon



# Praxis-Ratgeber
# Projektarbeit

Praktischer Ratgeber für den Einstieg
in den Projektarbeit

Mit 20 ausgearbeiteten Projektthemen für die
Sekundarstufe

Auer Verlag GmbH

In diesem Buch verwendete Abkürzungen für die einzelnen Schulfächer:

| | |
|---|---|
| Rel | Religion |
| D | Deutsch |
| Ek | Erdkunde |
| G | Geschichte |
| Gk | Gemeinschaftskunde |
| M | Mathematik |
| Bio | Biologie |
| Sp | Sport |
| Mu | Musik |
| BK | Bildende Kunst |
| T | Technik |
| HW | Hauswirtschaft |
| TW | Textiles Werken |

Gedruckt auf umweltbewusst gefertigtem, chlorfrei gebleichtem
und alterungsbeständigem Papier.

1. Auflage. 2005

Illustrationen: Stefan Kugel, Pfungstadt
Satz: Fotosatz H. Buck, Kumhausen
Druck und Bindung: Ludwig Auer GmbH, Donauwörth
ISBN 3-403-0**4259**-6

# Inhalt

**Zu diesem Buch** . . . . . . . . . . 5

## Hinweise zur Projektarbeit

Der Begriff „Projekt" . . . . . . . . . . 7
Der Sinn der Arbeit an einem Projekt . . . . . . . . . . 8
Die Arbeitsschritte eines Projekts . . . . . . . . . . 9
Der Projektverlauf: Planung – Betreuung – Durchführung . . . . . . . . . . 10
Das Projektergebnis: Aufbereitung – Präsentation – Bewertung . . . . . . . . . . 16
Die Bewertung eines Projekts (Projektprüfung) . . . . . . . . . . 22

### Beispiel für ein Projekt

Vorbereitung . . . . . . . . . . 23
Durchführung . . . . . . . . . . 25
Präsentation . . . . . . . . . . 30

### Ratschläge für schriftliche und mündliche Darstellungen

Texte – Briefe – Plakate – Folien – Rechtschreibung – Ergebnisvortrag –
Beschreibung eines Projektverlaufs . . . . . . . . . . 34

## Vorschläge für Projektthemen

### Etwas vorstellen:

Projekt 1 Den Wohnort vorstellen . . . . . . . . . . 44
Projekt 2 Die Schule vorstellen . . . . . . . . . . 46
Projekt 3 Verschiedene Freizeitangebote vorstellen . . . . . . . . . . 48

**Etwas gestalten:**


Projekt 4 Einen schülergerechten Pausenhof planen ........ 50
Projekt 5 Wandbereiche im Schulhaus gestalten ........ 52
Projekt 6 Eine Bücherecke einrichten ........ 54
Projekt 7 Ein Spielgerät für die Pause herstellen ........ 56


**Etwas organisieren:**


Projekt 8 Einen Spiel- und Sporttag organisieren ........ 58
Projekt 9 Eine Autorenlesung durchführen ........ 60
Projekt 10 Für gesunde Ernährung werben ........ 62
Projekt 11 Einen Gottesdienst mitgestalten ........ 64
Projekt 12 Einen Nachmittag in einem Heim gestalten ........ 66


**Etwas umarbeiten:**


Projekt 13 Ein Gedicht anschaulich gestalten ........ 68
Projekt 14 Einen Erzähltext szenisch darstellen ........ 70
Projekt 15 Künstlerische Techniken erproben ........ 72
Projekt 16 Literarische Textformen verwenden ........ 74


**Etwas klären:**


Projekt 17 Eine Umfrage an der Schule durchführen ........ 76
Projekt 18 Bücher als Lesestoff beschaffen ........ 78
Projekt 19 Die Herkunft von Straßennamen erkunden ........ 80
Projekt 20 Eine Wetterbeobachtung durchführen ........ 82

# Zu diesem Buch

Schulische Bildung ist zunehmend konfrontiert mit wachsender fachlicher Wissensfülle, erweiterten Anforderungen an Fähigkeiten und Fertigkeiten und immer differenzierteren Ansprüchen der modernen Kommunikationstechnologien. Dies verlangt von der Schule, über die bisher üblichen Unterrichtsfächer hinauszudenken und die Aneignung überfachlicher Kompetenzen im methodischen, sozialen und personalen Bereich zu vermitteln. Das Arbeiten in Projekten gibt Gelegenheit, diese Kompetenzen zu erwerben und damit fachübergreifende Bildungsstandards zu erfüllen.

**Dieses Buch ist eine Hilfe zum Einstieg in die Projektarbeit.**

- **Im ersten Teil** wird in die Projektarbeit eingeführt. Alle dafür wichtigen Gesichtspunkte werden erläutert. Das Vorgehen bei der Durchführung von Projekten wird von Grund auf beschrieben, von der Themenfindung über die Planung und Durchführung bis zur Präsentation.
- **Im zweiten Teil** werden 100 Themenvorschläge für Projekte gemacht. 20 dieser Themen werden näher skizziert und am Ende jedes Kapitels werden 4 weitere Themen genannt, die in gleicher oder ähnlicher Weise durchgeführt werden können. Themensammlung und Projektskizzen sollen als Impuls dienen, die Vorschläge weiterzuführen und dabei eigene Ideen zu entwickeln. Sie sind als Kopiervorlagen gedacht und können den Schülerinnen und Schülern als Arbeitsgrundlagen zur Verfügung gestellt werden.

Alle Ausführungen sind sehr praxisbezogen und einfach in der Sprache gehalten, wobei weniger gebräuchliche Fremdwörter in Klammern erläutert werden, wie es der Bedarfslage der Schülerinnen und Schüler der Sekundarstufe I entspricht. Deshalb ist auch der Einführungsteil – und damit das ganze Buch – geeignet, zur Eigenlektüre in die Hand der Schüler und Schülerinnen gegeben zu werden, um sich Know-how anzulesen und bei der Themenfindung und praktischen Arbeit anregen zu lassen.

# Hinweise zur Projektarbeit

# Der Begriff „Projekt"

Ein Projekt liegt vor, wenn ein Thema in einem längeren Arbeitsverlauf (Prozess) mit dem Ziel bearbeitet wird, dass am Ende ein konkretes Ergebnis (Produkt) entsteht.

Für ein themenorientiertes Projekt gelten die folgenden Merkmale:

| | | |
|---|---|---|
| **Ein Projekt braucht Zeit.** | d. h.: | Die Arbeit geht über einen längeren Zeitraum. |
| **Ein Projekt ist ein Prozess.** | d. h.: | Die Arbeit entwickelt sich in Schritten (Phasen). |
| **Ein Projekt ist fächerübergreifend.** | d. h.: | Mehrere Fächer sind an der Arbeit beteiligt. |
| **Ein Projekt bedeutet Teamarbeit.** | d. h.: | Mehrere Personen arbeiten in einer Gruppe als Team. |
| **Ein Projekt verlangt Selbstständigkeit.** | d. h.: | Das Vorhaben wird von der Gruppe möglichst selbstständig geplant und durchgeführt. |
| **Ein Projekt fordert vielseitige Leistung.** | d. h.: | Die Leistungen können schriftlich, mündlich oder praktisch sein. |
| **Ein Projekt zielt auf die Lebenswelt.** | d. h.: | Die Arbeit hat einen praktischen oder geistigen (intellektuellen) Nutzen. |
| **Ein Projekt hat ein konkretes Ergebnis.** | d. h.: | Am Ende entsteht ein konkretes Projektergebnis, das man ansehen oder lesen kann, z. B. Gegenstände, Veranstaltungen, Dokumentationen. |
| **Ein Projekt ist im Ergebnis offen.** | d. h.: | Wie das Ergebnis am Ende genau aussieht, entscheidet sich erst im Laufe der Arbeit. |

# Der Sinn der Arbeit an einem Projekt

An einem Projekt mitzuarbeiten hat besondere Vorteile. Es bietet die Chance, wichtige Bildungsstandards als Kompetenzen (Fähigkeiten) zu erwerben und zu trainieren, die man im Berufsleben braucht und die aber auch im privaten Leben nützlich sind.

Die wichtigsten Kompetenzen sind:

### Zielbewusstes Arbeiten

Gelernt wird,

- wie man sich selbstständig informiert,
- wie man eine Arbeit in einzelnen Schritten plant,
- wie man seine Planung ausführt,
- wie man seine Arbeitsergebnisse darstellt und erläutert.

### Arbeitsdisziplin

Gelernt wird,

- wie man sich engagiert,
- wie man sich mit einer Sache über längere Zeit beschäftigt,
- wie man Aufträge genau ausführt,
- wie man konzentriert und termingerecht arbeitet.

### Praktisches Denken

Gelernt wird,

- wie man Denken und Handeln verbindet,
- wie man Probleme erkennt und Problemlösungen findet,
- wie man Wichtiges und Unwichtiges unterscheidet.

### Teamfähigkeit

Gelernt wird,

- wie man mit anderen zusammenarbeitet,
- wie man sich mit Beiträgen anderer auseinander setzt,
- wie man eigene Gedanken für andere darstellt.

# Die Arbeitsschritte eines Projekts

Projektarbeit dauert längere Zeit. Vom Beginn bis zum Abschluss sind verschiedene Schritte erforderlich, die von den Teilnehmern der Projektgruppe möglichst selbstständig ausgeführt werden sollen.

Folgende Schritte gehören zur Projektarbeit:

**Vorbereitung des Projekts**
Gedanken zum Thema
Beschreibung des Projekts
Formulierung von Arbeitsfragen

**Durchführung der Projektarbeit**
Suche nach Informationen und Material
Ausarbeitung des Projekts
Planung der Präsentation

**Präsentation der Projektergebnisse**
Erläuterung des Projekts
Vorstellen des Projektergebnisses
Gespräch zum Projektverlauf und Ergebnis

# Der Projektverlauf: Planung – Betreuung – Durchführung

### Die Themenstellung

für das Projekt kann aus allen Lebensbereichen und Fächern gewählt werden. Die Lehrerinnen und Lehrer beraten und machen Vorschläge.
Wichtig ist, dass das Projekt einen praktischen oder intellektuellen (geistigen) Nutzen bringt.

Praktischer Nutzen bedeutet,
dass man mit dem Projektergebnis etwas anfangen kann oder dass jemand (falls es sich um eine Veranstaltung handelt) etwas davon hat.

Geistiger Nutzen bedeutet,
dass durch das Projektergebnis etwas geklärt wird und das Wissen um die Dinge in unserer Lebenswelt erweitert wird.

Schülerinnen und Schüler haben bei der Themenwahl zu bedenken, ob sie mehr praktisch oder geistig (theoretisch) arbeiten wollen. Zu beachten ist dabei aber:

- **Kein Projekt ist nur praktisch!** Auch praktische Ergebnisse müssen immer *theoretisch* mit Texten erläutert werden.
- **Kein Projekt ist nur theoretisch!** Auch theoretische Ergebnisse müssen immer *praktisch* durch Bilder oder andere Mittel veranschaulicht werden.

### Eine Betreuungslehrkraft

begleitet die gesamte Projektarbeit. Sie wird sinnvollerweise von der Gruppe selbst gewählt und dann von der Schulleitung mit der Betreuung des Projekts beauftragt. Wird ein Projekt als Teil einer Prüfung durchgeführt, kommt mindestens noch eine weitere Lehrkraft zur Betreuung hinzu.

*Die Betreuungslehrkraft*

- ist für die Festlegung des Projektthemas zuständig,
- berät die Gruppe in allen Fragen,
- ist bei allen wichtigen Treffen der Gruppe dabei,
- beobachtet den Arbeitsverlauf und den Beitrag der Gruppenmitglieder,
- macht sich ständig Notizen über ihre Beobachtungen,
- ist am Ende an der Bewertung des Projekts beteiligt, sofern Noten erteilt werden.

**Die Projektbeschreibung**

steht am Anfang des Projekts. Sie wird von der Gruppe schriftlich formuliert und der Betreuungslehrkraft vorgelegt. Dabei soll deutlich werden, welches Produkt erarbeitet werden soll und welche Fächer beteiligt sind.

**Die Projektbeschreibung umfasst:**
- Titel des Projekts
- Teammitglieder
- Grundgedanken zum Projekt
- Ziel des Projekts
- beteiligte Fächer
- wichtige Arbeiten (auch im Rahmen der Fächer)
- Form des Projektergebnisses
- Schätzung der Kosten, wenn solche anfallen

Die Projektbeschreibung muss gut formuliert und sauber geschrieben sein, wenn sie zur Genehmigung vorgelegt wird. Sie kann später zu Beginn der Präsentation verwendet werden, wenn das Projekt vorgestellt und erläutert wird.

**Die Arbeitsplanung**

für die einzelnen Projektphasen geschieht durch die Mitglieder der Gruppe. Es ist sinnvoll, dazu ein Protokollblatt zu benutzen. Ein Muster befindet sich auf den Seiten 32 bis 33 und 40 bis 42.

Grundlage für die Planung ist das Sammeln von **Gedanken zum Thema**.

Es ist sinnvoll, dass sich jedes Gruppenmitglied zunächst allein Gedanken macht und dass diese dann in der Gruppe gesammelt werden.

Welche Arbeiten nötig sind, merkt man, wenn man **Arbeitsfragen formuliert**. Arbeitsfragen sind solche Fragen, die man im Zusammenhang mit dem Projekt stellen kann und die durch die Arbeit am Projekt beantwortet werden.

Für das Sammeln der Arbeitsfragen eignet sich ein *Brainstorming*: Die Teammitglieder setzen sich zunächst zusammen und schreiben alles auf, was ihnen an Gedanken bzw. Fragen einfällt. Dabei ist besondere Mühe angebracht. Je besser die Fragen sind, desto genauer und zielsicherer kann man arbeiten.

Danach werden alle gefundenen Arbeitsfragen gesichtet und in zwei Fragengruppen eingeteilt.

*1. Fragengruppe:*

Das sind die **Arbeitsfragen,** die zuerst beantwortet werden müssen und für die Unterlagen zu sammeln sind, die für die weitere Arbeit gebraucht werden.
Aus diesen Fragen ergeben sich dann die **Vorbereitungsaufträge** für die einzelnen Gruppenmitglieder.

*2. Fragengruppe:*

Das sind die **Arbeitsfragen**, die als Inhalt der Projektarbeit von den Teammitgliedern unter Verwendung der gesammelten Unterlagen gemeinsam bearbeitet werden.

**Die Arbeitseinteilung**

unter den Mitgliedern der Gruppe erfolgt in gemeinsamer Absprache. Wichtig ist, dass die Arbeit gleichmäßig auf alle Teammitglieder verteilt wird.

Durch die Arbeitsteilung wird die Arbeitsmenge für jeden Einzelnen geringer und alle haben mehr Zeit, sich mit dem Auftrag, den sie übernommen haben, zu beschäftigen.

Wenn jemand bereits besonderes Wissen oder spezielles Interesse für bestimmte Arbeitsteile hat, ist es sinnvoll, dass dieses Teammitglied auch mit diesem Bereich beauftragt wird. Dann ist zu erwarten, dass engagiert gearbeitet und das Ergebnis gut wird.

*Dokumentation der Arbeitsanteile:*

Am Ende der Projektarbeit kann es sinnvoll sein zu dokumentieren (festzuhalten), welche Projektteile von den einzelnen Gruppenmitgliedern erarbeitet worden sind. Dies gilt besonders, wenn am Ende eine Bewertung oder eine Prüfung erfolgt, bei der die Projektnote für jedes Gruppenmitglied getrennt festgesetzt werden muss.
Ein Muster für die Dokumentation befindet sich auf den Seiten 33 und 42.

**Die Suche nach Informationen und Material**

geschieht durch die Gruppe meist außerhalb der Unterrichtszeit. Sie ist eine wichtige Phase des Projekts, weil es oft von den zusammengetragenen Materialien abhängt, wie gut die Projektarbeit vorankommt und wie gut das Projektergebnis wird. Hilfen zum **Sammeln von Unterlagen** finden sich in der Schule und bei außerschulischen Institutionen.

Wichtige Informationsquellen innerhalb und außerhalb der Schule sind in den folgenden Merkkästen zusammengestellt.

**Hilfen innerhalb der Schule:**

*Schülerbücherei:*
Nötig ist die Einweisung in der Handhabung des Katalogs, wenn ein solcher vorhanden ist, oder die Beratung durch die Lehrkraft, die die Bücherei betreut.

*Lehrerbücherei und Lehrmittelsammlung*
Nötig ist die Unterstützung durch die Fachlehrkräfte, die Betreuungslehrkraft oder die Lehrkraft, die für den betreffenden Fachbereich der Schule zuständig ist.

*Internet:*
Nötig ist die Beratung durch die Informatiklehrkraft, wenn keine eigene Erfahrung im Umgang mit dem Internet gegeben ist.

**Hilfen außerhalb der Schule:**

*Bibliotheken:*
Wichtig zu wissen: Bibliotheken sind nach Sachgebieten aufgebaut und haben einen Sachkatalog. Auch das Bibliothekspersonal kann um Beratung gebeten werden.

*Buchhandlungen:*
Wichtig zu wissen: Auch Buchhandlungen sind nach Sachgebieten sortiert und das Verkaufspersonal kann zur Beratung angesprochen werden kann.

*Andere Einrichtungen:*
Wichtig zu wissen: Informationen über bestimmte Institutionen (z. B. Vereine, Firmen, Behörden) können mündlich, aber auch telefonisch oder brieflich erfragt werden.

*Experten:*
Wichtig zu wissen: Fachleute, die über die Sache besonders Bescheid wissen, können zu Rate gezogen werden, entweder im persönlichen Gespräch bei einem Besuch oder durch einen Brief. Fachlehrkräfte oder die Betreuungslehrkraft können Auskunft über geeignete Personen geben, die Deutschlehrkräfte können bei der Formulierung von Briefen und Erkundungsfragen helfen.

*Ratschlag für Interviews:*

Wenn besucht und befragt werden soll, ist es wichtig, die Fragen vorher genau aufzuschreiben. Beim Gespräch kann dieses Blatt benutzt werden. Sinnvoll ist auch, die Antworten in Stichworten zu notieren, weil man sonst später nicht mehr genau weiß, was gesagt worden ist.

*Ratschlag für Briefe:*

Zu unterscheiden ist zwischen der Form von persönlichen Briefen und Geschäftsbriefen. Muster für das Briefeschreiben befinden sich auf den Seiten 35 und 36.

**Die eigentliche Projektarbeit**

besteht in der **Ausarbeitung des Projekts**. Dazu müssen zunächst alle gesammelten Unterlagen **gesichtet und geordnet** werden.
Dann können die Arbeitsfragen, die als 2. Fragengruppe zurückgestellt wurden, beantwortet und **die praktischen Arbeiten ausgeführt** werden, die zur Erstellung des Projektergebnisses und zur Vorbereitung der Präsentation nötig sind.
Diese Arbeitsphase führen die Mitglieder der Projektgruppe weitgehend selbstständig durch. Die Gruppe plant ihr Vorgehen gemeinsam und führt auch die Arbeiten in der Regel als Teamarbeit gemeinsam aus.

**Die Arbeitszeiten**

Für die Arbeitszeiten gibt es unterschiedliche Möglichkeiten.

*Festgelegte Arbeitszeiten für alle Gruppen*

Alle Gruppen einer Klasse arbeiten parallel zu bestimmten Arbeitszeiten als Teil der Unterrichtszeit in Anwesenheit der Betreuungslehrkraft.

*Freie Arbeitszeiten der Gruppe*

Die Gruppenmitglieder treffen sich innerhalb oder außerhalb der Unterrichtszeit und arbeiten gemeinsam an ihrem Projekt. Solche Termine müssen in der Regel mit der Betreuungslehrkraft abgesprochen werden.

*In den Fachunterricht integrierte Arbeitszeiten*

Arbeiten können auch im Unterricht des Faches ausgeführt werden, das dafür zuständig ist. Die Fachlehrkräfte können dann bei der Arbeit beraten.

*Individuelle Arbeitszeiten*

Es können aber auch Tätigkeiten anfallen, die einzelne Mitglieder allein wahrnehmen (z. B. wenn Material gesammelt wird).

**Protokoll des Projektverlaufs**

Es ist sinnvoll, ein Protokollblatt über den Projektverlauf zu führen. Die Vorteile eines solchen Protokolls sind:

- Man kann es jederzeit der Betreuungslehrkraft vorlegen.
- Man kann es als Beleg für das Vorgehen zur Bewertung vorlegen.
- Man kann es bei der Präsentation als Gedächtnisstütze verwenden.

Hinweise zur Führung des Protokolls und ein Muster für ein solches Protokollblatt befinden sich als Kopiervorlage auf den Seiten 32 und 33 sowie 40 bis 42.

# Das Projektergebnis: Aufbereitung – Präsentation – Bewertung

**Das Ergebnis**

der Projektarbeit kann verschiedene Formen haben. Es kann z. B. ein konkreter Gegenstand, eine praktische Sache, eine Veranstaltung oder eine Darstellung in Texten und Bildern sein.

*Texte*

müssen sorgfältig und gut verständlich formuliert, gegliedert und geschrieben sein. Besonders die Rechtschreibung muss stimmen. Hinweise dazu befinden sich auf den Seiten 34 und 38.

*Mündliche Beiträge*

sind nötig, um bei der Präsentation von der Projektarbeit zu berichten und das Projektergebnis vorzustellen und zu erläutern. Wichtig ist langsames und deutliches Sprechen mit Sprechpausen, so dass die Zuhörer leicht folgen können. Es ist unbedingt erforderlich, den Vortrag der Sprechteile mit lautem Sprechen in der Gruppe zu üben. Die Gruppenmitglieder beraten den Sprecher und der Vortrag ist so lange zu wiederholen, bis alle damit zufrieden sind. Die Aufnahme mit einem Tonbandgerät kann eine gute Grundlage sein, die Wirkung genau und mehrmals zu kontrollieren und gemeinsam zu verbessern. Hinweise dazu befinden sich auf der Seite 38.

*Spielszenen*

können der Verdeutlichung von Vorgängen dienen. Sie müssen mehrmals geprobt werden, wobei jedes Mal Verbesserungsvorschläge einzuarbeiten sind. Hier sind auch Videoaufnahmen hilfreich.

*Schaubilder (Grafiken)*

können in verschiedenen Formen im Mathematikunterricht erstellt werden. Sie eignen sich immer dann, wenn Größen, Mengen und Entwicklungen in Zahlen anschaulich zu machen sind.

Diese Darstellungsformen von Zahlenverhältnissen sollten bekannt sein:

**Das Kreisdiagramm**

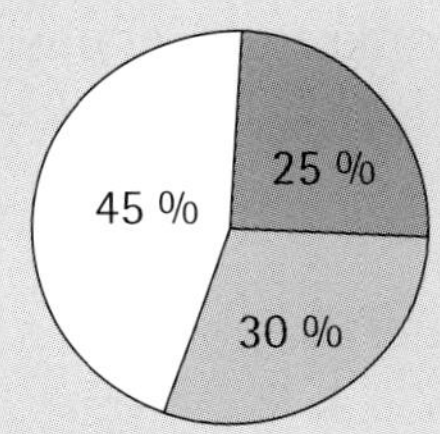


**Das Säulendiagramm**

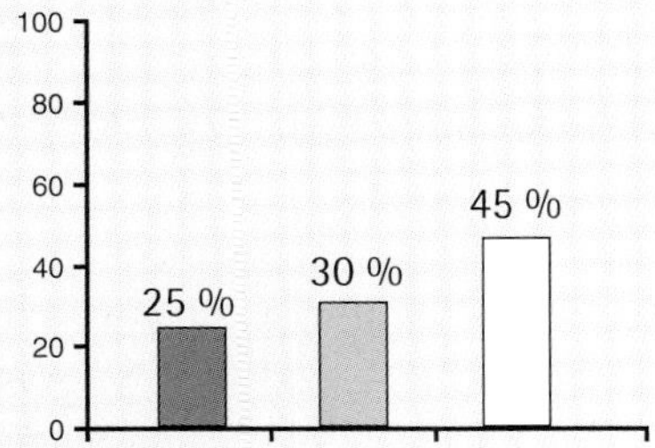


**Das Verlaufdiagramm**

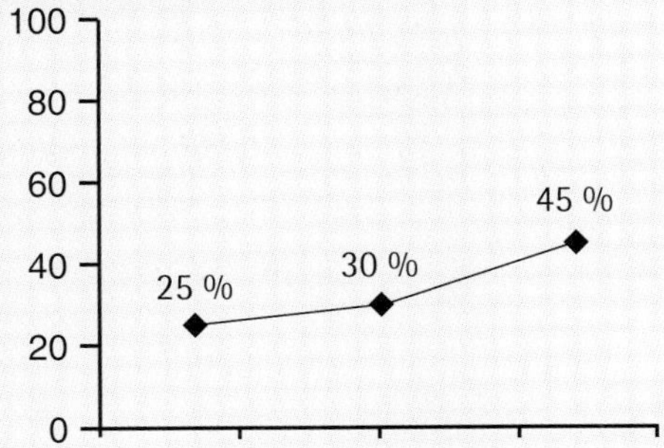


**Das Balkendiagramm**

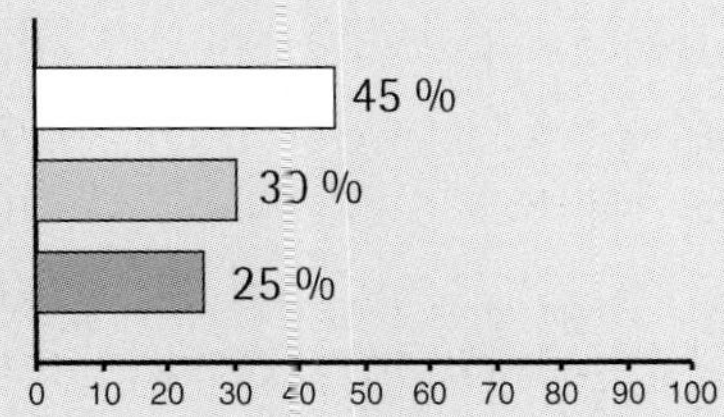


*Plakate und Projektionsfolien*

müssen übersichtlich angelegt sein, im Gesamteindruck gut wirken und auch aus etwas Entfernung lesbar sein. Rechtschreibfehler sollten nicht vorkommen. Hinweise für die Gestaltung befinden sich auf der Seite 37.

*Broschüren (gebundene oder geheftete Schriften)*

eignen sich dann, wenn das Material gelagert und an Interessenten weitergegeben werden soll. Dies kann z. B. eine Schulbroschüre für neue Schülerinnen und Schüler sein.

*Fotos oder Videoaufnahmen*

können die Phasen (Schritte) der Arbeit festhalten und am Ende zur anschaulichen Dokumentation (Darstellung) des Projektverlaufs verwendet werden.

*Modelle*

sind geeignete Anschauungsmittel, um Sachverhalte darzustellen, bei denen eine genaue räumliche Vorstellung durch Bilder oder Zeichnungen nicht ausreichend zu erzielen ist. Es ist darauf zu achten, dass die Modelle nicht zu klein und sorgfältig gearbeitet sind.

*Veranstaltungen*

müssen in ihrem Ablauf genau geplant sein. Ein Muster dafür ist das Beispiel „Streetball-Turnier", das auf den Seiten 23 bis 33 beschrieben ist.

*Kosten des Projekts*

sind zu Beginn mit der Betreuungslehrkraft und der Schulleitung zu besprechen, damit sicher ist, dass die nötigen Geldmittel vorhanden sind.

**Die Präsentation des Projektergebnisses**

muss besonders sorgfältig erarbeitet und vorbereitet werden. Sie umfasst die Vorstellung des Projektergebnisses und ein Gespräch über das Projekt.

**Ablauf der Präsentationsveranstaltung:**

- Die Gruppe **erläutert das Projekt.**
  Sie nennt die Grundgedanken und das Ziel des Projekts. Sie berichtet von der Planung, der Sammlung der Unterlagen, der Ausarbeitung und den Gedanken über die Darstellung des Projektergebnisses.

- Die Gruppe **stellt ihr Projektergebnis vor.**
  Sie zeigt oder führt vor, was sie erarbeitet hat.
  Sie erläutert ausführlich und verdeutlicht gegebenenfalls, welche Gruppenmitglieder die einzelnen Teile erstellt haben.
  Sie gibt einen Kommentar zum Ergebnis und zu den Projekterfahrungen. Dazu gehören Aussagen über Schwierigkeiten bei der Arbeit sowie Erfahrungen mit der Zusammenarbeit in der Gruppe.

- Die Gruppe **führt ein Gespräch zum Projekt.**
  Sie beantwortet Fragen zu Projektverlauf und Ergebnis und achtet – wie schon bei allen anderen Teilen der Präsentation – darauf, dass alle Teammitglieder zu Wort kommen.

Wenn eine Veranstaltung erarbeitet wurde, kann die Durchführung der Veranstaltung auch an einem anderen Tag als die einführende Erläuterung stattfinden, wenn dies aus organisatorischen Gründen sinnvoll ist.

**Die Vorstellung des Projektergebnisses**

kann in verschiedener Weise organisiert werden, wobei es drei grundsätzliche Möglichkeiten gibt.

**Möglichkeiten zur Vorstellung der Projektergebnisse:**

**(1) Das Projektergebnis wird intern (= ohne Öffentlichkeit) vorgestellt.**

Das bedeutet: Nur die mit der Betreuung (bzw. Prüfung) beauftragten Lehrkräfte sind dabei.

**(2) Das Projektergebnis wird öffentlich vorgestellt.**

Das bedeutet: Neben den betreuenden Lehrkräften sind weitere Personen als Gäste bei der Vorstellung und Erläuterung dabei.
Als Gäste kommen in Frage: Lehrkräfte und Mitschüler/innen, die sich für das Thema interessieren oder sich über den Ablauf einer Präsentation informieren wollen.

**(3) Das Projektergebnis wird intern vorgestellt und dann veröffentlicht.**

Das bedeutet: Das Ergebnis wird zunächst den betreuenden Lehrkräften vorgestellt. Danach wird das erarbeitete Material im Schulhaus ausgestellt oder ausgehängt.

### Die Öffentlichkeit der Projektvorstellung

kann durchaus zum besseren Gelingen einer Präsentation beitragen.

Gründe dafür sind:

Wenn das Projektergebnis nur den betreuenden Lehrkräften vorgestellt wird,
macht dies nicht so viel Spaß, weil diese das Projekt und sein Ergebnis ja schon kennen. Daher fehlt der rechte Anreiz, alles Erarbeitete gut darzustellen.

Wenn das Projektergebnis öffentlich vorgestellt wird,
ist es sinnvoll, alle Materialien inhaltlich und sprachlich auszuarbeiten und die Ergebnisse anschaulich und gründlich aufzubereiten, weil es dann ein wirkliches Publikum gibt, das von dieser Darstellung etwas haben soll.

Wenn Gäste zur Ergebnisvorstellung eingeladen werden,
muss diese so vorbereitet werden, dass die Gäste bei der Vorstellung alles gut sehen und verstehen können.

Wenn das Projektergebnis im Schulhaus veröffentlicht wird,
muss das ausgestellte oder ausgehängte Material so verständlich und übersichtlich gearbeitet sein und durch Schriftstücke erläutert werden, dass alle Personen, die es im Schulhaus betrachten oder lesen, alles verstehen und keine mündlichen Erklärungen brauchen.

**Achtung!** Es spielt eine wichtige Rolle, ob das Projektergebnis am Ende öffentlich vorgestellt wird. Die Entscheidung muss frühzeitig getroffen werden, damit die Darstellung der Ergebnisse danach ausgerichtet werden kann!

### Die Zeitplanung

für ein Projekt kann im Vorfeld nicht genau festgelegt werden. Es muss aber so früh begonnen werden, dass genügend Arbeitszeit vorhanden ist und kein Stress entsteht, weil am Ende die Zeit knapp wird.

Die benötigte Arbeitszeit ist bei jedem Projekt verschieden. Im Durchschnitt muss man mit mindestens einem Vierteljahr Zeitbedarf vom Beginn der Projektarbeit bis zur Präsentation rechnen.

Diese Rechnung ergibt sich aus folgenden Überlegungen zum ungefähren Zeitbedarf:

| | |
|---|---|
| 1. Woche: | Gedanken zum Thema |
| 2.–3. Woche: | Erarbeitung der schriftlichen Projektbeschreibung |
| | Vorlage zur Genehmigung |
| | Formulierung der Arbeitsfragen |
| 4.–5. Woche: | Suche nach Informationen und Material |
| 6. Woche: | Sichten der gefundenen Unterlagen |
| 7.–10. Woche: | Durchführung der praktischen Arbeiten |
| 11.–12. Woche: | Vorbereitung der Präsentation |

Findet ein Projekt im 2. Schulhalbjahr statt, ist zu bedenken, dass im Frühjahr mehrere Ferienabschnitte (Fastnacht, Ostern, Pfingsten) liegen. Die Projektarbeit sollte in diesem Falle spätestens im Januar beginnen, wenn eine Prüfung für den Sommer geplant ist.

# Die Bewertung eines Projekts (Projektprüfung)

Am Ende der Projektarbeit kann eine Bewertung, gegebenenfalls auch in Form einer Projektprüfung stehen.

**Wenn eine Projektprüfung durchgeführt wird,**
soll diese zeigen, dass Schülerinnen und Schüler in der Lage sind, ein selbst gewähltes Vorhaben mit fächerübergreifenden Aspekten und Lebensbezug in einem Team weitgehend selbstständig zu planen und auszuführen und mit einem konkreten Ergebnis darzustellen und zu erläutern.

Bewertet werden – im Gegensatz zu Fachprüfungen – nicht ein spezielles Fachwissen, sondern die grundlegenden Arbeitsfähigkeiten, die erworben wurden. Es handelt sich dabei in der Regel nicht um eine Einzelprüfung, sondern um eine Gruppenprüfung.

Bei der Bewertung wird die Leistung der einzelnen Gruppenmitglieder getrennt bewertet. Es gibt keine Gruppennote, sondern jedes Teammitglied erhält seine eigene Note.

Bei der Notenfindung werden bewertet:

- alle Phasen (Abschnitte) der Projektarbeit vom Arbeitsbeginn bis zur Präsentation
- das Engagement (Einsatz) der einzelnen Mitglieder
- die Fähigkeit zur Zusammenarbeit
- der Beitrag eigener Ideen und Problemlösungen
- die Bereitschaft, Initiative zu ergreifen (eine Sache in die Hand zu nehmen)
- die Umsetzung von Beratungsvorschlägen
- der Präsentationsverlauf
- das Präsentationsgespräch
- die Fähigkeit zur Stellungnahme

# Beispiel für ein Projekt

Jana, Metin und Tom besuchen die 9. Klasse. Sie haben die Idee, ein Streetball-Turnier für eine Klasse mit jüngeren Schülern zu organisieren. Sie gehen zu ihrem Sportlehrer, um ihm das Projekt vorzuschlagen. Sie nennen ihr Projekt:

**„Planung und Durchführung eines Streetball-Turniers"**

Der Sportlehrer ist bereit, das Projekt zu betreuen, und schlägt die Klasse 6c vor. Darauf machen sich die drei an die Arbeit.

## Vorbereitung

Zunächst ist es wichtig, dass sie sich darüber klar werden, was sie mit dem Projekt erreichen wollen. Deshalb sammeln sie Stichwörter und formulieren im „Brainstorming" Arbeitsfragen, die sie entweder allein vorbereiten oder später in gemeinsamer Arbeit klären wollen. Folgende Schritte führen sie aus:

**Jana, Metin und Tom überlegen, worum es bei dem Projekt geht.**

### Gedanken zum Thema

Jana, Metin und Tom denken zunächst allein nach, was so ein Turnier bringt.
Dann setzen sie sich zusammen und sammeln ihre Gedanken.

Metin übernimmt es, das Protokoll zu führen und trägt die Gedankensammlung ein.

*Das fällt Jana, Metin und Tom ein:*

*z. B. Kids machen gern Sport – wollen Spaß haben – lieben Wettkampf – sollen Spielregeln und Fairplay lernen – Jungen* und *Mädchen können Streetball (gemeinsam) spielen – Turnier: erfüllt alle Gesichtspunkte*

### Beschreibung des Projekts

Jana, Metin und Tom formulieren das Ziel des Projekts als *Projektbeschreibung* für den Sportlehrer.

Metin ergänzt das Protokoll.

Der Sportlehrer ist einverstanden und Jana, Metin und Tom legen die Projektbeschreibung dem Rektor vor.

Der Rektor genehmigt das Projekt und beauftragt den Sportlehrer mit der Betreuung des Projekts.

*Das ist ihre* **Projektbeschreibung:**

Projekt: „Streetball-Turnier"
Teammitglieder:
Jana Just, Metin Yüksel, Tom Maier

Wir wollen für eine 6. Klasse ein Streetball-Turnier durchführen.

Dabei kommt es auf das genaue Einhalten der Spielregeln und auf Fairplay an.

Wir organisieren das Turnier, formulieren die Spielregeln (Sp), verfassen (D) und gestalten (BK) Infoblätter, Einladungen und Urkunden, drucken sie mit dem Computer aus und führen eine Siegerehrung durch.

### Formulierung von Arbeitsfragen

Jana, Metin und Tom treffen sich mit dem Betreuungslehrer. Sie sammeln Arbeitsfragen.

Sie ordnen sie nach der Reihenfolge, in der sie zu bearbeiten sind.

*Diese Fragen wollen sie klären:*

1. *Wann soll das Turnier stattfinden?*
2. *Wo kann es stattfinden?*
3. *Wie setzt sich die Klasse zusammen?*
4. *Woher kommt die Musikanlage?*
5. *Gibt es Urkunden oder Pokale?*
6. *Welche Spielregeln gibt es?*
7. *Wie wird die Klasse informiert?*
8. *Wie viele Mannschaften gibt es?*
9. *Wie sind die Teams zusammengesetzt?*
10. *Wer darf zuschauen?*
11. *Wie lang soll die Spielzeit sein?*
12. *Wie wird der Sieger ermittelt?*
13. *Wie soll der Spielplan aussehen?*

Sie bestimmen, welche Fragen zuerst geklärt werden müssen.

*Sie stellen fest:*
*Die Fragen 1 bis 6 müssen als Vorbereitung geklärt werden.*
*Die Fragen 7 bis 13 wollen sie später in gemeinsamer Teamarbeit bearbeiten.*

Metin ergänzt das Protokoll.

**Verteilung der Vorbereitungsaufträge**

Jana, Metin und Tom einigen sich, wer die Vorbereitungsfragen bearbeiten und Unterlagen dafür besorgen soll.

Metin ergänzt das Protokoll.

*Sie beschließen:*
*Tom übernimmt die Fragen 1, 2, 3, 4*
*Metin übernimmt Frage 5*
*Jana übernimmt Frage 6*

# Durchführung

Jana, Metin und Tom machen sich daran, die Aufträge zu erledigen, die sie übernommen haben. Die Suche der benötigten Unterlagen erledigen sie getrennt. Dann treffen sie sich, um ihre Unterlagen auszuwerten. Als Abschluss planen sie die Durchführung ihres Projekts als öffentliche Veranstaltung. Diese Schritte führen sie aus:

**Jana, Metin und Tom suchen nach Informationen und Material.**

**Sammeln von Unterlagen**

Tom geht zur Schulleitung.

*Er stellt dem Rektor das Vorhaben vor und vereinbart den Veranstaltungstermin.*
*Der Rektor reserviert die Turnhalle und das Musikgerät. Er informiert Tom über die Zusammensetzung der Klasse 6c.*

Metin besucht ein Geschäft, das mit Pokalen und Fanartikeln handelt.

*Er besorgt dort Prospekte und informiert sich über die Preise von Pokalen und Urkunden.*

Jana geht in die Ortsbibliothek.

*Sie besorgt Fachbücher mit Sportregeln.*

**Jana, Metin und Tom arbeiten das Projekt aus.**

## Sichten und Ordnen der Unterlagen

Jana, Metin und Tom treffen sich mit dem Betreuungslehrer.
Sie gehen die Fachbücher durch und bearbeiten die Frage 6 (Regeln).

*Sie notieren Regeln:*
*3-Spieler-3-Schritte-Regel usw.*
*Sie notieren Fachbegriffe:*
*Spielplan, Angriffskreis, Freiwurf usw.*

| | |
|---|---|
| Sie besprechen die Arbeitsfragen: | *Diese Einzelheiten legen sie fest:* |
| Frage 7 (Information) | *Information der Klasse 6c: gemeinsam* |
| Fragen 8+9 (Teambildung) | *24 Schüler der Klasse = 6 Teams, jedes Team: Jungen* **und** *Mädchen.* |
| Frage 10 (Zuschauer) | *Schüler der Schule werden durch Infoblatt eingeladen.* |
| Frage 11 (Spielzeit) | *Spielzeit 7 Min. – dann 3 Min. Spiel bis zum 1. Korb – dann Korbschießen* |
| Frage 12 (Siegerermittlung) | *2 Gruppen mit 3 Teams: A, B, C – D, E, F Gruppensieger: Spiel um Platz 1 und 2, Gruppenzweite um Platz 3 und 4 usw.* |
| Frage 5 (Urkunden/Pokale) | *Urkunden selbst machen, Pokale teuer Metin soll Pokal aus Metall herstellen (T)* |
| Sie planen die weitere Arbeit und legen fest, wer zu Hause als Vorarbeit Entwürfe macht. Metin ergänzt das Protokoll. | *So verteilen sie die Entwurf-Arbeit: Frage 13: Spielplan (Tom) Frage 5: Urkunden – Pokal (Metin) Frage 10: Infoblatt (Jana)* |

**Ausführung der praktischen Arbeiten**

(1) Hausarbeit

Jana, Metin und Tom fertigen einen Entwurf an.

(2) Planung des Ablaufs

Jana, Metin und Tom treffen sich wieder mit dem Betreuungslehrer.
Sie besprechen:

| | | |
|---|---|---|
| Frage 13: | Toms Spielplan-Entwurf | *So sieht der Spielplan aus:* |
| Frage 10: | Janas Infoblatt-Entwurf | *14.00 Uhr: Gruppe 1, Team A–B* |
| Frage 5: | Metins Entwurf für Urkunden und Pokal | *14.15 Uhr: Gruppe 2, Team D–E usw.* |

(3) Ausdruck der Unterlagen

Tom druckt den Spielplan aus.
Jana druckt das Infoblatt aus.

*Spielplan und Infoblatt vergrößern sie für den Aushang.*

Metin druckt die überarbeitete Urkunde auf festem Papier aus und stellt einen Pokal her.

*Metin formt im Technikunterricht Blech zur Pokalform mit Fuß und lötet die Teile zusammen.*

(4) Information der Beteiligten

Jana, Metin und Tom suchen die Sportlehrkräfte der Klasse 6c auf.

*Sie besprechen die vorgesehenen Regeln. Die Sportlehrkräfte sind einverstanden und wollen das Spiel im Sportunterricht mit der Klasse üben.*

Sie besuchen zusammen mit dem Betreuungslehrer die Klasse 6c.

*Sie stellen der Klasse ihr Projekt vor und übergeben ihr Infoblatt.*

Sie legen fest, dass die Veranstaltung öffentlich sein soll und hängen die großen Infoblätter im Schulhaus aus.

Metin ergänzt das Protokoll.

## Jana, Metin und Tom planen die Präsentation.

### Erarbeitung der Erläuterungen

Jana, Metin und Tom treffen sich mit dem Betreuungslehrer. Sie formulieren Stichwörter zu ihrem Projekt als Kurzreferat.

*Dazu benutzen sie, was sie im Protokoll als „Gedanken zum Thema" und als „Projektbeschreibung" notiert haben.*
*Das Protokoll wollen sie bei der Präsentation benutzen.*

Sie notieren, was sie als Kommentar zu ihrem Projekt mitteilen wollen.

*Sie möchten erläutern, warum sie Regeln weggelassen haben, wie sie die Teams gebildet haben, wie sie die Spielzeit festgelegt haben.*

Sie bestimmen, wer die Erläuterungen vortragen soll.

*So teilen sie den Vortrag auf:*
*Tom soll die Gedanken zum Projekt und den Projektverlauf vortragen.*
*Metin und Jana sollen ergänzen und den Turnierablauf beschreiben.*

Sie üben ihren Vortrag mehrmals, indem sie sich gegenseitig laut vorsprechen.

*Sie beraten sich gegenseitig. Sie achten darauf, langsam und deutlich zu sprechen und Sprechpausen zu machen.*

Sie dokumentieren die einzelnen Arbeitsanteile am Projekt, die sie dem Prüfungsausschuss mitteilen müssen.

Metin ergänzt das Protokoll.

*Sie notieren folgende Arbeitsanteile:*
Tom: *Organisationsüberlegungen, Spielplan, Teambildung, Auswahl und Einspielung der Musik beim Turnier*
Metin: *Protokoll, Urkunden, Pokal, Sprecher beim Turnier*
Jana: *Spielregeln, Infoblätter, Schiedsrichterin beim Turnier*

**Festlegung des Präsentationsablaufs**

Jana, Metin und Tom besprechen praktische Einzelheiten zum Ablauf der Veranstaltung.

*Sie legen die Turnierleitung fest:*
*Tom: Musik, Jana: Schiedsrichter,*
*Metin: Sprecher (notiert Ergebnisse)*

*Sie planen:*
*Herrichtung der Turnhalle, Siegerehrung, Turnierleitung (Moderation)*

**Vorbereitungen am Präsentationstag**

Jana, Metin und Tom treffen sich zwei Stunden vor Beginn des Turniers und richten die Halle her.

*Sie bereiten die Musikanlage vor.*
*Sie sperren den Zuschauerbereich ab.*
*Sie richten die Schreibtafel her.*

# Präsentation

Vor Veranstaltungsbeginn treffen sich Jana, Metin und Tom mit dem betreuenden Lehrer und den eingeladenen Gästen (zwei weitere Lehrkräfte und die Klassensprecher/innen der Klassen 8a und 8b).

**Jana, Metin und Tom stellen ihr Projektergebnis vor.**

**Erläuterungen zum Projekt**

Jana, Metin und Tom stellen dem Prüfungsausschuss ihr Projekt und den Projektverlauf in einem Kurzreferat vor.

*Sie überreichen eine Kopie ihres Protokolls und erläutern die Eintragungen:*
*Tom berichtet die Gedanken zum Projekt. Metin und Jana ergänzen.*

| |
|---|
| *Alle drei sagen, welche Teile des Projekts sie erarbeitet haben.* |

**Vorstellung der Arbeitsergebnisse**

Jana, Metin und Tom erläutern, wie das Turnier ablaufen soll und was sie sich dabei gedacht haben.

*Jana erläutert Überlegungen zu den Spielregeln.*
*Tom trägt Gedanken zum Spielplan vor.*
*Metin sagt etwas zur Siegerehrung.*

Alle begeben sich in die Turnhalle.

Das Publikum und die Mannschaften werden begrüßt. Der Ablauf und die Spielregeln werden erläutert. Die Spiele werden ausgetragen.
Die Siegerehrung findet statt.

*Metin führt als Moderator (Sprecher) durch das Turnier und notiert die Ergebnisse.*
*Jana leitet als Schiedsrichterin die Spiele.*
*Tom bedient die Musikanlage.*

**Gespräch mit dem Prüfungsausschuss**

Nach Ende der Veranstaltung treffen sich Jana, Metin und Tom nochmals mit dem Betreuer und den Gästen.

*Sie äußern sich zum Ablauf des Turniers und beantworten die Fragen des Prüfungsausschusses.*

Während der Projektarbeit haben Jana, Metin und Tom ein Protokollblatt geführt, in dem sie bei jedem Termin notiert haben, was gearbeitet wurde und wie die Arbeit weitergehen soll.

Dieses **Protokoll zur Projektarbeit** befindet sich auf den nächsten beiden Seiten.

So sieht ihr Protokoll zum Projektverlauf aus:

| | |
|---|---|
| **Projektthema:** | *Streetball-Turnier für eine 6. Klasse* |
| **Gruppenmitglieder:** | *Jana, Metin, Tom* |

Datum

**Gedanken zum Thema** — *15. März*

*Kids machen gern Sport – wollen Spaß haben – lieben Wettkampf –*
*sollen Spielregeln und Fairplay lernen –*
*Jungen <u>und</u> Mädchen können Streetball (gemeinsam) spielen –*
*Turnier: erfüllt alle Gesichtspunkte*

**Beschreibung des Projekts** — *22. März*

*Wir wollen für eine 6. Klasse ein Streetball-Turnier durchführen.*
*Dabei kommt es auf das genaue Einhalten der Spielregeln und auf Fairplay an.*
*Wir organisieren das Turnier, formulieren die Spielregeln (Sp), verfassen (D) und gestalten (BK) Infoblätter, Einladungen und Urkunden, drucken sie mit dem Computer aus und führen eine Siegerehrung durch.*
*Der Pokal wird beschafft oder selbst hergestellt (T).*

**Arbeitsfragen** — *29. März*

*1. Wann soll das Turnier stattfinden?*
*2. Wo kann es stattfinden?*
*3. Wie setzt sich die Klasse zusammen?*
*4. Woher kommt die Musikanlage?*
*5. Gibt es Urkunden oder Pokale?*
*6. Welche Spielregeln gibt es?*

} *Diese Fragen zuerst.*

*7. Wie wird die Klasse informiert?*
*8. Wie viele Mannschaften gibt es?*
*9. Wie sind die Teams zusammengesetzt?*
*10. Wer darf zuschauen?*
*11. Wie lang soll die Spielzeit sein?*
*12. Wie wird der Sieger ermittelt?*
*13. Wie soll der Spielplan aussehen?*

} *Diese Fragen später.*

**Verteilung der Vorbereitungsaufträge** — *5. April*

| | |
|---|---|
| *Tom:* | *Fragen 1, 2, 3, 4; geht zur Schulleitung* |
| *Jana:* | *Frage 6; geht in die Ortsbibliothek* |
| *Metin:* | *Frage 5; besucht ein Fanartikelgeschäft* |

} *Termin 26.4*

*Fragen 7–13: → Teamarbeit am 26. April*

Protokollblatt Seite 1

**Praktische Arbeiten** — 26. + 27. April

*Frage 7 (Info): Information der Klasse 6c: gemeinsam*
*Fragen 8 + 9 (Teams): 24 Schüler der Klasse = 6 Teams/Jungen + Mädchen*
*Frage 10 (Zuschauer): Schüler der Schule können zuschauen.*
*Frage 11 (Spielzeit): (Einzelheiten siehe Sonderblatt)*
*Frage 12 (Sieger): 2 Gruppen mit 3 Teams (Einzelheiten siehe Sonderblatt)*
*Frage 5 (Urkunden/Pokale): Urkunden selber, Pokal teuer: deshalb auch selber*

*Verteilung der weiteren Arbeiten*
*Frage 13: Spielplan (Tom) überarbeiten und ausdrucken*
*Frage 5: Urkunden + Pokal herstellen (Metin)*
*Frage 10: Zuschauer-Infoblatt (Jana) (D, BK)*
} *Termin 3. Mai*

---

*Beratung der Entwürfe für Spielplan, Urkunden, Info-Blatt* — 3. Mai
*Auftrag an alle: Entwürfe überarbeiten bis 6. Juni*

---

4. Mai bis 6. Juni

*Tom: druckt Spielplan aus*
*Jana: überarbeitet das Infoblatt und druckt es mit dem Computer aus.*
*Metin: druckt die überarbeitete Urkunde auf festem Papier mit dem Computer aus und stellt im Technikunterricht einen Pokal aus Metall her.*

*Gemeinsame Besprechung mit den Sportlehrkräften: 10. Mai*
*Gemeinsamer Besuch in der Klasse 6c (mit Betreuungslehrer): 11. Mai*

**Vorbereitung der Präsentation** — 7. Juni

*Kurzreferat zur Projektbeschreibung: Tom (benutzt das Protokoll und fordert Metin und Jana jeweils auf zu berichten, was sie getan haben)*
*Erläutert werden sollen:*
*Spielregeln (Jana)*
*Teambildung (Tom)*
*Spielzeit (Tom)*
} *Einzelheiten siehe Sonderblatt*

*Hallenplanung: Zuschauerbereich durch Seil abtrennen, Musikanlage aufbauen, Tafel für Ergebnisse aufstellen*

**Anteile an der Projektarbeit**

*Tom: Organisationsüberlegungen, Spielplan, Teambildung, Auswahl und Einspielung der Musik beim Turnier*
*Metin: Protokollführung, Urkunden, Pokal, Sprecher beim Turnier*
*Jana: Spielregeln, Infoblätter, Schiedsrichterin beim Turnier*

Protokollblatt Seite 2

# Ratschläge für schriftliche und mündliche Darstellungen

## Tipps zur Gestaltung von Texten

Wenn schriftliche Darstellungen hergestellt werden, ist es wichtig, dass sie sprachlich in Ordnung sind und keine Rechtschreibfehler aufweisen. Die folgenden Regeln helfen bei der Gestaltung von Texten.

**Leitsatz: Texte brauchen Abwechslung und Übersichtlichkeit.**

1. **Texte brauchen eine Gliederung.**
   Klar erkennbare Abschnitte sind beim Lesen hilfreich.
2. **Texte brauchen Abwechslung.**
   Abwechslung erzielt man z. B. durch unterschiedliche Satzanfänge, Vermeidung von Wortwiederholungen, Wechsel in der Reihenfolge von Hauptsatz und Nebensatz.
3. **Texte brauchen eine genaue und anschauliche Ausdrucksweise.**
   Die Wirkung von Texten wird unterstützt durch aussagekräftige Ausdrücke wie z. B. passende Fachwörter, treffende Substantive, anschauliche Adjektive, genaue Verben.
4. **Texte brauchen die richtige Zeitform.**
   Die Zeitform beim Beschreiben und Erörtern ist das Präsens.
   Die Zeitform beim Erzählen und Berichten ist das Präteritum.
5. **Texte brauchen die richtige Rechtschreibung und Satzzeichen.**
   Rechtschreibfehler machen einen schlechten Eindruck.
   Die Schreibweise muss deshalb immer überprüft werden. Wenn du mit der Hand schreibst, trägt eine sorgfältige Handschrift dazu bei, Fehler zu vermeiden.
   Auch bei Benutzung der Rechtschreibprüfung eines Computers muss nochmals eine eigene Endkontrolle erfolgen.

## Tipps zur Gestaltung von Geschäftsbriefen

Manchmal ist es notwendig, einen Brief zu schreiben, um etwas zu bestellen oder Informationsmaterial anzufordern. Ein solcher Brief ist als *Geschäftsbrief* abzufassen. Die folgenden Hinweise sind für die Form von Geschäftsbriefen wichtig.

**Leitsatz: Geschäftsbriefe haben eine übliche Form!**

1. Es werden DIN-A4-Briefbögen benutzt.
2. Sie werden in Maschinenschrift geschrieben.
3. Rechtschreibung und Zeichensetzung müssen stimmen.

So kann die äußere Form eines Geschäftsbriefs aussehen:

*Name* *Ort, Datum*
*Adresse*

*Leerzeilen*

*Name des Empfängers*
*Anschrift*

*Leerzeilen*

*Kurzangabe, worum es geht*

*Leerzeilen*

*Anrede,*
*Text:*
......... – *Beginn der 1. Zeile mit einem kleinen Buchstaben*
......... – *Anredefürwörter mit großen Anfangsbuchstaben*
......... – *Sachlich knappe Formulierungen*
......... – *Gliederung durch Abschnitte und Leerzeilen*
.........

*Leerzeile*

*Grußformel*
*Unterschrift*

## Tipps zur Gestaltung von persönlichen Briefen

Wenn ihr euch für eine Hilfe zu bedanken habt, ist ein *persönlicher Brief* angebracht. Die folgenden Hinweise sind für die Form von persönlichen Briefen wichtig.

**Leitsatz: Der Empfänger muss sich angesprochen fühlen!**

1. Es werden DIN-A4-Briefbögen benutzt.
2. Sie werden in Handschrift geschrieben, wenn man mit dem Empfänger näher bekannt ist, ansonsten ist auch Maschinenschrift möglich.
3. Rechtschreibung und Zeichensetzung müssen stimmen.

So kann die äußere Form eines persönlichen Briefs aussehen:

| | |
|---|---|
| *Name+Anschrift entfallen, wenn du handschriftlich schreibst* | *Name*<br>*Adresse*      *Ort, Datum* |
| *Leerzeilen* | |
| | *Anrede,*<br>*Text:*<br>.........<br>......... – *Beginn der 1. Zeile mit einem kleinen Buchstaben*<br>......... – *Anredefürwörter mit großen Anfangsbuchstaben, wenn du die Personen mit „Sie“ anredest*<br>......... – *Gliederung durch Abschnitte und Leerzeilen*<br>.........<br>......... |
| *Leerzeile* | |
| | *Grußformel*<br>*Unterschrift* |

## Tipps zur Gestaltung von Plakaten und Projektionsfolien

Wenn Arbeitsergebnisse auf Plakaten oder mit dem Tageslichtprojektor dargestellt werden, ist es wichtig, dass dies wirkungsvoll geschieht. Die folgenden Regeln helfen bei der Gestaltung von Plakaten.

**Leitsatz: Plakate brauchen eine leicht lesbare Gestaltung.**

1. **Plakate brauchen ein großes Format.**
   Am besten eignet sich Plakatkarton in der Größe 70 cm x 100 cm, weil man dann genügend Gestaltungsfläche hat und größer schreiben kann.
2. **Plakate und Projektionsfolien brauchen eine klare Gliederung.**
   Gut unterscheidbare Bereiche erleichtern den Überblick.
3. **Bilder und Skizzen brauchen einen Titel.**
   Untertitel und Kurzsätze unterstützen die Aussage der Bilder.
4. **Plakate brauchen eine große Schrift und Druckbuchstaben.**
   Texte und Beschriftungen müssen gut lesbar sein.
   Druckbuchstaben sind leichter lesbar als Schreibschrift.
5. **Plakate brauchen Farben.**
   Farben sprechen an und verstärken die Gliederung. (Zu vermeiden ist aber, dass ein Plakat zu „bunt" wird.)
6. **Plakate und Projektionsfolien brauchen eine Abstand-Leseprobe.**
   Plakate wenden sich an Personen, die meistens in einem gewissen Abstand davor stehen oder sitzen. Bilder und Textteile müssen daher aus einiger Entfernung gut erkennbar sein. Die Abstand-Leseprobe hilft dir: Stelle dich selbst an die Stelle, an der sich die Besucher in der Regel befinden, und kontrolliere, ob alles gut erkennbar ist.
7. **Plakate und Projektionsfolien brauchen Rechtschreibkontrolle.**
   Fehler machen einen schlechten Eindruck.

## Tipps zur Vermeidung von Rechtschreibfehlern

Rechtschreibfehler machen einen schlechten Eindruck. Sie sind vermeidbar.
Die folgenden Ratschläge helfen dir dabei.

**Leitsatz: Echte Fehler und Flüchtigkeitsfehler müssen vermieden werden.**
**Dies hilft:**

1. Ein Wort, bei dem man unsicher ist, deutlich vor sich hinsprechen!
2. Prüfen, um welche Wortart es sich bei dem fraglichen Wort handelt!
3. Überlegen, ob man ähnliche Wörter kennt!
4. Das Wort trennen oder verlängern oder in Silben vor sich hinsprechen, dann werden manche Laute deutlicher hörbar!
5. Darüber nachdenken, ob es eine Rechtschreibregel gibt, die anzuwenden ist!

**Achtung**: Nachschlagen im Wörterbuch, wenn man nicht sicher ist!

## Tipps für den Vortrag der Projektergebnisse

Der Vortrag von Arbeitsergebnissen und Erläuterungen ist ein wichtiger Teil der Präsentation und muss gut vorbereitet sein. Die folgenden Ratschläge helfen dir dabei.

**Leitsatz: Alle Anwesenden müssen alles gut verstehen!**
**Dies hilft:**

1. Langsam sprechen – Sprechpausen machen!
2. Deutlich sprechen – Dialekt vermeiden!
3. Bei der Formulierung der Satzanfänge abwechseln!
   Achtung: Es macht einen schlechten Eindruck, wenn der Bericht von der Projektarbeit ständig mit den Worten *„Dann haben wir ..."* oder *„Und dann haben wir ..."* beginnt.
4. Den Sprechvortrag üben!
   Gut ist, wenn man seinen Sprechbeitrag in der Gruppe vorträgt und die anderen Teammitglieder Verbesserungsvorschläge machen, bis alle zufrieden sind.
   Hilfreich kann sein, den Sprechvortrag mit einem Tonband aufzunehmen und beim Abhören gemeinsam zu besprechen, was verbessert werden kann.

## Tipps für die Beschreibung des Projektverlaufs

Die nächsten drei Seiten enthalten ein Musterblatt, auf dem man den Ablauf des Projekts schriftlich festhalten (dokumentieren) kann.

**Das Protokoll zum Projektverlauf**

besteht aus folgenden Teilen, die zur Dokumentation des Projekts wichtig sind:

- Projektthema und Gruppenmitglieder
- Gedanken zum Thema
- Beschreibung des Projekts
- Arbeitsfragen
- Verteilung der Vorbereitungsaufträge
- Praktische Arbeiten
- Vorbereitung der Präsentation

Das Protokollformular (Leerblatt) ist als Kopiervorlage gedacht. Die E ntragungen sind auf drei Seiten verteilt, damit genügend Platz für Notizen in Handschrift vorhanden ist.

**Bei der Führung des Protokolls ist wichtig,**

- dass die Ergebnisse festgehalten werden,
- dass die Planung des Fortgangs der Arbeit festgehalten wird,
- dass die Eintragungen in Kurzform erfolgen,
- dass die Eintragungen mit Datum versehen sind.

**Der Vorteil des Protokolls ist,**

- dass man es jederzeit der Betreuungslehrkraft vorlegen kann,
- dass man es als Beleg für das Vorgehen vorlegen kann,
- dass man es bei der Präsentation als Gedächtnisstütze verwenden kann.

Ein Beispiel für die Führung des Protokolls ist auf den Seiten 32 und 33 nachzulesen.

Auf den nächsten drei Seiten befinden sich die drei Protokollformulare

# Protokoll zum Projektverlauf

| Projektthema |
| --- |
| Gruppenmitglieder |

*Datum*

| Gedanken zum Thema |
| --- |
| Beschreibung des Projekts |

Arbeitsfragen

Verteilung der Vorbereitungsaufträge

| Praktische Arbeiten |
| --- |
| Vorbereitung der Präsentation |
| Anteile an der Projektarbeit |

Protokollblatt Seite 3

# Vorschläge zu Projektthemen

# Projekt 1: Den Wohnort vorstellen

**Erarbeitung einer Dokumentation des Wohnorts und der Umgebung**
Beteiligte Fächer: Deutsch, Erdkunde, Geschichte, Wirtschaftslehre
Gruppengröße: ca. 4–5 Schüler/innen

**Ziel des Projekts ist es,**
den eigenen Wohnort und seinen Umgebung für ortsfremde Leute so vorzustellen, dass sie eine anschauliche Vorstellung davon erhalten.

## Nutzen des Projekts

Verwendung der Broschüre (Heft) bei verschiedenen Anlässen, um den eigenen Wohnort fremden Leuten vorzustellen: z. B. um Brieffreunde zu informieren oder neu in die Schule eintretende Schülerinnen und Schüler zu informieren

## Beschreibung des Projekts

Wissenswertes über den Wohnort sammeln (Ek, G) – Ordnungsgesichtspunkte finden – die Informationen ordnen – die Informationen in Texten darstellen (D) – die Texte illustrieren (bebildern) – eine Broschüre (Heft) herstellen

## Arbeitsfragen

Woher kann man Informationen bekommen?
Welche Besonderheiten kennzeichnen den Wohnort?
Wie kommt man an Bilder?
Welche Freizeiteinrichtungen gibt es?
Welche Zahlenangaben über den Wohnort sind wichtig?
Wie soll die Broschüre aussehen?
Wie soll die Broschüre gebunden sein?

## Einzelarbeiten oder Gruppenarbeiten

| | |
|---|---|
| Einzelarbeiten: | Bilder beschaffen<br>Zahlenangaben zum Wohnort sammeln<br>Informationen über Freizeitangebote sammeln |
| Gruppenarbeiten: | Material nach Gesichtspunkten ordnen<br>Besonderheiten des Orts zusammenstellen<br>Texte formulieren<br>Broschüre herstellen |

## Informationsquellen

Prospekte des Verkehrsamts des eigenen Orts und der Nachbarorte
Informationsschriften der Ämter
Karten und Veröffentlichungen im Buchhandel
Texte aus Geschichtsquellen
Aussagen bedeutender Besucher des Orts oder der Umgebung

## Ordnungskategorien

| Kulturelle Angebote | Freizeitangebote | Besonderheiten |
|---|---|---|
| *Theater, Museum, Schule, Planetarium, Waldlehrpfad* | *Diskothek, Jugendtreff, Kino, Sportverein, Schwimmbad, Minigolf, Radnetz, Wanderwege* | *Burg, Schloss, Höhlen, Grillplatz* |

## Möglichkeiten zur Ergebnisdarstellung

| Darstellungsformen | Text | Bild | Liste | Grafik | Karte | Plakat | Heft | Modell | Aktion | Objekt |
|---|---|---|---|---|---|---|---|---|---|---|
| Kulturelle Angebote | ☒ | ☒ | ☒ | ☐ | ☒ | ☐ | ☐ | ☐ | ☐ | ☐ |
| Freizeitangebote | ☒ | ☒ | ☒ | ☐ | ☒ | ☐ | ☐ | ☐ | ☐ | ☐ |
| Besonderheiten | ☒ | ☒ | ☒ | ☐ | ☒ | ☐ | ☐ | ☐ | ☐ | ☐ |
| Präsentation | ☐ | ☐ | ☐ | ☐ | ☐ | ☐ | ☒ | ☐ | ☐ | ☐ |

## Präsentation

Vorstellen der Grundgedanken zum Projekt
Vorstellen der Broschüre
Erläuterung der Broschürengestaltung
Formulierung von Erfahrungen mit dem Projekt
Formulierung von Erfahrungen mit der Arbeit im Team

## Ähnliche Projektthemen:

- Die nächste größere Stadt in der Umgebung vorstellen
- Das Stadtviertel, in dem du wohnst, vorstellen
- Ein Museum am Ort oder in der Umgebung vorstellen
- Ein geschichtliches Gebäude am Ort oder in der Umgebung vorstellen

# Projekt 2: Die Schule vorstellen

**Erarbeitung einer Informationsschrift über die Schule**
Beteiligte Fächer: Deutsch, Bildende Kunst
Gruppengröße: ca. 4 Schüler/innen

**Ziel des Projekts ist es,**
wichtige Informationen über die Schule in einer Informationsschrift zusammenzustellen, mit der die Schule vorgestellt werden kann.

## Nutzen des Projekts

Verwendung der Broschüre zur Information für neu in die Schule eintretende Schülerinnen und Schülern und deren Eltern oder für schulfremde Besucher.

## Beschreibung des Projekts

Anlässe für die Vorstellung der Schule nennen (D) – Informationen über die Schule sammeln – Infotexte verfassen (D) – Texte mit passenden Bildern und Illustrationen versehen (BK) – Deckblatt entwerfen – Broschüre herstellen

## Arbeitsfragen

Was interessiert Fremde?
Woher kann man Informationen und Bilder bekommen?
Welche Besonderheiten kennzeichnen die Schule?
Welche Zahlenangaben über die Schule sind wichtig?
Wie soll die Broschüre aussehen?
Wie soll die Broschüre gebunden sein?

## Einzelarbeiten oder Gruppenarbeiten

Einzelarbeiten:
- Zahlenangaben sammeln
- allgemeine Angaben feststellen
- besondere Angebote der Schule ermitteln
- Besonderheiten und Bildmaterial sammeln
- Fotos und Illustrationen anfertigen

Gruppenarbeiten:
- Material nach Gesichtspunkten ordnen
- Texte formulieren
- Bilder und Illustrationen zuordnen
- Seiten gestalten
- Deckblatt entwerfen
- Broschüre herstellen

## Informationsquellen

Unterlagen der Schulverwaltung
Archiv der Schule
Informationsgespräche mit der Schulleitung und den Lehrkräften

## Ordnungskategorien

| Allgemeine Angaben | Besonderheiten | Angebote | Personal |
|---|---|---|---|
| *Adresse, Telefon, Anzahl der Schüler und Klassen* | *Schulgebäude, Einrichtungen, Schulgeschichte* | *Projekte, Kurse, Arbeitsgemeinschaften* | *Schulleitung, Lehrkräfte, Sekretariat, Eltern- u. Schülervertretung* |

## Möglichkeiten zur Ergebnisdarstellung

| Darstellungsformen | Text | Bild | Liste | Grafik | Karte | Plakat | Heft | Modell | Aktion | Objekt |
|---|---|---|---|---|---|---|---|---|---|---|
| Allgemeine Angaben | ☐ | ☐ | ☒ | ☐ | ☐ | ☐ | ☐ | ☐ | ☐ | ☐ |
| Besonderheiten | ☒ | ☒ | ☒ | ☐ | ☐ | ☐ | ☐ | ☐ | ☐ | ☐ |
| Angebote | ☒ | ☒ | ☒ | ☐ | ☐ | ☐ | ☐ | ☐ | ☐ | ☐ |
| Personal | ☒ | ☒ | ☒ | ☐ | ☐ | ☐ | ☐ | ☐ | ☐ | ☐ |
| Präsentation | ☐ | ☐ | ☐ | ☐ | ☐ | ☐ | ☒ | ☐ | ☐ | ☐ |

## Präsentation

Vorstellen der Grundgedanken zum Projekt
Vorstellen der Broschüre
Erläuterung der Broschürengestaltung
Formulierung von Erfahrungen mit dem Projekt
Formulierung von Erfahrungen mit der Arbeit im Team

---

## Ähnliche Projektthemen:

- Die SMV (Schülermitverantwortung) mit einer Broschüre vorstellen
- Das Angebot an Arbeitsgemeinschaften mit einer Broschüre vorstellen
- Die eigene Klasse mit einer Broschüre vorstellen
- Einen Verein mit einer Broschüre vorstellen

# Projekt 3: Verschiedene Freizeitangebote vorstellen

**Erkundung der Freizeitangebote am Ort oder in der Umgebung**
Beteiligte Fächer: Gemeinschaftskunde, Deutsch
Gruppengröße: ca. 4 Schüler/innen

**Ziel des Projekts ist es,**
über Freizeitbedürfnisse nachzudenken und die Möglichkeiten zur Freizeitgestaltung am Wohnort und in der näheren Umgebung darzustellen.

## Nutzen des Projekts

Verwendung der Sammlung zum eigenen Gebrauch oder zur Nutzung durch Mitschülerinnen und Mitschüler, beispielsweise durch Aushang im Schulhaus.

## Beschreibung des Projekts

Bedeutung Freizeitbetätigungen erläutern (D) – Freizeitbedürfnisse feststellen – Freizeitangebote sammeln (Gk*)* – Textmaterial und Bildmaterial beschaffen – Texte zu den Bildern verfassen – Informationsseiten gestalten (D) und auf Plakaten dokumentieren

## Arbeitsfragen

Warum ist Freizeitgestaltung eine wichtige Sache?
Welche Freizeitbedürfnisse können Menschen haben?
Welche Arten zur Freizeitgestaltung gibt es?
Welches Freizeitangebot gibt es am Ort und in der Umgebung?
Wo kann man Material bekommen?
Wie kann das Material geordnet werden?

## Einzelarbeiten oder Gruppenarbeiten

Einzelarbeiten:
Freizeiteinrichtungen besuchen
Material beschaffen
wichtige Informationen identifizieren und markieren

Gruppenarbeiten:
Bedeutung der Freizeit erläutern
Material nach Gesichtspunkten ordnen
Texte formulieren
Bildmaterial den Texten zuordnen
Plakate gestalten

### Informationsquellen

Prospekte des Verkehrsamts des eigenen Orts und der Nachbarorte
Informationsschriften der Freizeiteinrichtungen
Veröffentlichungen im Buchhandel

### Ordnungskategorien

| Öffentliche Angebote | Private Angebote | Individuelle Aktivitäten |
|---|---|---|
| *Schwimmbad, Theater* | *Kino, Vereine, Clubs* | *Rad fahren, joggen, wandern* |

### Möglichkeiten zur Ergebnisdarstellung

| Darstellungsformen | Text | Bild | Liste | Grafik | Karte | Plakat | Heft | Modell | Aktion | Objekt |
|---|---|---|---|---|---|---|---|---|---|---|
| Öffentliche Angebote | ☒ | ☒ | ☒ | ☐ | ☒ | ☐ | ☐ | ☐ | ☐ | ☐ |
| Private Angebote | ☒ | ☒ | ☒ | ☐ | ☒ | ☐ | ☐ | ☐ | ☐ | ☐ |
| Individuelle Aktivitäten | ☒ | ☒ | ☒ | ☐ | ☒ | ☐ | ☐ | ☐ | ☐ | ☐ |
| Präsentation | ☐ | ☐ | ☐ | ☐ | ☐ | ☒ | ☐ | ☐ | ☐ | ☐ |

### Präsentation

Vorstellen der Grundgedanken zum Projekt
Vorstellen der Plakate
Erläuterung der Plakatdarstellungen
Formulierung von Erfahrungen mit dem Projekt
Formulierung von Erfahrungen mit der Arbeit im Team

---

### Ähnliche Projektthemen:

- Angebot an Spielmöglichkeiten für Jugendliche vorstellen
- Angebot an Sportmöglichkeiten für jüngere Leute vorstellen
- Angebot an Spielmöglichkeiten für Kinder vorstellen
- Angebot an Weiterbildungsmöglichkeiten vorstellen

## Projekt 4: Einen schülergerechten Pausenhof planen

**Planung von Anordnung und Ausstattung eines Pausenhofs**

Beteiligte Fächer: Deutsch, Mathematik, Bildende Kunst, Technik

Gruppengröße: ca. 5–6 Schüler/innen

**Ziel des Projekts ist es,**

zu überlegen, welche Bedürfnisse die Schülerinnen und Schüler der verschiedenen Altersstufen bei der Pausengestaltung haben, und dies in einem Entwurf zur Gestaltung des Pausenhofs der Schule umzusetzen.

### Nutzen des Projekts

Verwendung als Vorschlag an die Schulleitung oder an den Schulträger für die Gestaltung des Pausenhofs der Schule

### Beschreibung des Projekts

Pausenbedürfnisse feststellen (D) – Pausenhofgestaltungen erkunden – bedürfnisgerechte Hofausstattung planen (D) und anschaulich darstellen (BK, T) – die Kosten berechnen (M) – der Schulleitung den Vorschlag in Briefform mitteilen (D)

### Arbeitsfragen

Wie kann man die Meinung der Schülerschaft feststellen?
Welche Gestaltungsmöglichkeiten für Pausenhöfe gibt es?
Wo gibt es gut gestaltete Pausenhöfe?
Welche Erfahrungen mit der Pausenhofgestaltung wurden dort gemacht?
Wie kann man sich über Geräte zur Pausenhofgestaltung informieren?
Wie kann man eine Pausenhofgestaltung anschaulich darstellen?

### Einzelarbeiten oder Gruppenarbeiten

Einzelarbeiten:
Material über Schulgeräte beschaffen
gestaltete Pausenhöfe anderer Schulen ermitteln
Informationen über Freizeitangebote sammeln

Gruppenarbeiten:
Material über Schulgeräte sichten und auswählen
gestaltete Pausenhöfe anderer Schulen besuchen
Erfahrungen mit Pausenhöfen anderer Schulen ermitteln
Vorschlag zur Pausenhofgestaltung ausarbeiten
Kosten berechnen

### Informationsquellen

Gespräch mit Mitschülerinnen und Mitschülern der Schule
Pausenhofeinrichtungen in anderen Schulen
Aussagen der Benutzer anderer Pausenhöfe (Schulleitungen, Hausmeister, Schüler)
Kataloge mit Pausenhofgeräten

### Ordnungskategorien

| Bedürfnisse der Schüler | Geräteangebot | Erläuterungen |
|---|---|---|
| *Spielbedürfnisse, Aufenthaltsbedürfnisse* | *feste Spielgeräte, mobile (bewegliche) Spielgeräte, Bänke, Bodenaufzeichnungen* | *Gebrauchsanleitungen, Erfahrungsbeschreibungen* |

### Möglichkeiten zur Ergebnisdarstellung

| Darstellungsformen | Text | Bild | Liste | Grafik | Karte | Plakat | Heft | Modell | Aktion | Objekt |
|---|---|---|---|---|---|---|---|---|---|---|
| Bedürfnisse der Schüler | ☒ | ☐ | ☒ | ☒ | ☐ | ☐ | ☐ | ☐ | ☐ | ☐ |
| Geräteangebot | ☐ | ☒ | ☒ | ☐ | ☒ | ☐ | ☐ | ☐ | ☐ | ☐ |
| Erläuterungen | ☒ | ☐ | ☐ | ☐ | ☐ | ☐ | ☐ | ☐ | ☐ | ☐ |
| Präsentation | ☐ | ☐ | ☐ | ☐ | ☐ | ☒ | ☒ | ☒ | ☐ | ☐ |

### Präsentation

Vorstellen der Grundgedanken zum Projekt
Vorstellen der Vorschläge auf Großplakaten, als Broschüre oder als Modell
Erläuterung der Vorschläge
Formulierung von Erfahrungen mit dem Projekt
Formulierung von Erfahrungen mit der Arbeit im Team

---

### Ähnliche Projektthemen:

- Das Zimmer der SMV (Schülermitverantwortung) in der Schule planen
- Eine Pausenhalle in der Schule planen
- Einen Spielraum in der Schule planen
- Einen Kinderspielplatz planen

# Projekt 5: Wandbereiche im Schulhaus gestalten

**Erarbeitung der Gestaltung von Wandbereichen im Schulhaus**
Beteiligte Fächer: Deutsch, Bildende Kunst, Technik, Mathematik
Gruppengröße: ca. 4–5 Schüler/innen

**Ziel des Projekts ist es,**
Wände der Schulhausflure zu gestalten, so dass das Haus verschönert wird und gleichzeitig Bedürfnisse des Schulalltags erfüllt werden.

## Nutzen des Projekts

Durchführung der Vorschläge zur Wandgestaltung in verschiedenen Bereichen des eigenen Schulhauses

## Beschreibung des Projekts

die Bedeutung der Gestaltung von Schulfluren beschreiben (D) – Möglichkeiten zur Gestaltung von Fluren ermitteln – die Gestaltung eines Flurs als Skizze planen (BK) – Kosten schätzen/berechnen (M) – Rahmen herstellen (BK, T) – die Wandgestaltung praktisch durchführen

## Arbeitsfragen

Warum ist die Gestaltung der Schulflurwände wichtig?
Welche praktischen Funktionen kann die Wandgestaltung erfüllen?
Wo gibt es im Schulhaus gestaltbare Wandflächen?
Wo kann man sich Anregungen für Wandgestaltungen holen?
Welches Gestaltungsmaterial wird gebraucht?
Wie kann man die Mitschüler/innen an der Wandgestaltung beteiligen?

## Einzelarbeiten oder Gruppenarbeiten

| | |
|---|---|
| Einzelarbeiten: | gestaltbare Wandflächen ermitteln |
| | Wandgestaltungen in anderen Schulen besichtigen |
| | Ideen für Wandgestaltungen sammeln |
| Gruppenarbeiten: | die Bedeutung der Wandgestaltung darstellen |
| | Wandgestaltungen planen |
| | Wandgestaltungen praktisch planen |
| | Wandgestaltungen im Schulhaus durchführen |

### Informationsquellen

Gespräch mit Mitschülerinnen und Mitschülern, Lehrkräften
Wandgestaltungen in anderen Schulen
Kataloge für Rahmen, Schaukästen, Informationstafeln
Handelsangebote in Baumärkten, Fachgeschäften

### Ordnungskategorien

| Funktionen der Gestaltung | Beispiele der Gestaltung | Praktische Ausführung |
|---|---|---|
| *Verschönerung, Information, Selbstdarstellung der Klassen* | *Bilder aus dem Kunstunterricht, Gegenstände aus dem Technikunterricht, Projektergebnisse, allgemeine Informationen* | *Bilder in Rahmen, Steckplatten, Schaukästen* |

### Möglichkeiten zur Ergebnisdarstellung

| Darstellungsformen | Text | Bild | Liste | Grafik | Karte | Plakat | Heft | Modell | Aktion | Objekt |
|---|---|---|---|---|---|---|---|---|---|---|
| Gestaltungsfunktionen | ☒ | ☐ | ☒ | ☐ | ☐ | ☐ | ☐ | ☐ | ☐ | ☐ |
| Gestaltungsbeispiele | ☒ | ☒ | ☒ | ☐ | ☒ | ☐ | ☐ | ☐ | ☐ | ☐ |
| Praktische Ausführung | ☐ | ☐ | ☐ | ☐ | ☐ | ☐ | ☐ | ☐ | ☐ | ☐ |
| Präsentation | ☐ | ☐ | ☐ | ☐ | ☐ | ☒ | ☐ | ☐ | ☐ | ☒ |

### Präsentation

Vorstellen der Grundgedanken zum Projekt
Vorstellen der gestalteten Flurflächen
Erläuterung der Gestaltung
Formulierung von Erfahrungen mit dem Projekt
Formulierung von Erfahrungen mit der Arbeit im Team

---

### Ähnliche Projektthemen:

- Einen Schulwegweiser für den Eingangsbereich der Schule gestalten
- Eine Informationswand im Schulhaus gestalten
- Wandflächen im Freien mit Graffiti gestalten
- Fensterflächen in den Fluren und Treppenhäusern der Schule gestalten

# Projekt 6: Eine Bücherecke einrichten

**Aufbau eines Leseangebots in einem Klassenzimmer**
Beteiligte Fächer: Deutsch, Mathematik, Technik
Gruppengröße: ca. 3–4 Schüler/innen

**Ziel des Projekts ist es,**
über Leseinteressen nachzudenken und im Klassenzimmer ein Leseangebot anzubieten, das diesen Interessen entspricht.

## Nutzen des Projekts

Verwendung als Klassenbücherei in der eigenen Klasse oder als Angebot zur Nutzung für andere Klassen der Schule

## Beschreibung des Projekts

Leseinteressen ermitteln (D) – Ergebnisse grafisch darstellen (M) – Leseangebote sammeln (D) – ein Buchregal herstellen (T) – Leseangebot im Klassenzimmer aufbauen (D) – Kosten schätzen/berechnen (M) – Hinweise zum Umgang mit dem Leseangebot formulieren (D) – Rollenspiel zum Ausleihvorgang (D)

## Arbeitsfragen

Wie kann man feststellen, was gern gelesen wird?
Wie kann man die Leseinteressen anschaulich darstellen?
Welche Bucharten gibt es?
Wie kann Buchmaterial beschafft werden?
Wie kann eine Bücherecke gebaut werden?
Wie funktioniert eine Ausleihe?

## Einzelarbeiten oder Gruppenarbeiten

Einzelarbeiten:
- Buchmaterial sammeln
- Material nach Gesichtspunkten ordnen
- Informationen über einzelne Bücher erarbeiten

Gruppenarbeiten:
- Leseinteressen durch Befragung feststellen
- Ergebnisse der Umfrage ermitteln und grafisch darstellen
- Buchmaterial sortieren und als Katalog auflisten
- Bücherregal und Bücherecke herstellen
- Bücherecke einrichten
- Informationsmaterial über Angebot und Ausleihe erstellen
- Interessenten informieren

### Informationsquellen

Regalgestaltung und Katalogaufbau in Büchereien, Buchhandlungen
Gespräch mit Personal von Büchereien, Buchhandlungen
Klappentexte von Büchern
Informationsschriften der *Stiftung Lesen, Fischtorplatz 23, 55116 Mainz*

### Ordnungskategorien

| Leseinteressen | Ordnen der Bücher | Ausleihe |
|---|---|---|
| *Unterhaltung, Information* | *Sachbücher, Detektivgeschichten, Abenteuer, Erzählungen* | *Katalog, Leihkarten, Buchinformationen* |

### Möglichkeiten zur Ergebnisdarstellung

| Darstellungsformen | Text | Bild | Liste | Grafik | Karte | Plakat | Heft | Modell | Aktion | Objekt |
|---|---|---|---|---|---|---|---|---|---|---|
| Leseinteressen | ☒ | ☐ | ☒ | ☒ | ☐ | ☐ | ☐ | ☐ | ☐ | ☐ |
| Ordnen der Bücher | ☐ | ☐ | ☒ | ☐ | ☐ | ☐ | ☐ | ☐ | ☐ | ☐ |
| Ausleihe | ☒ | ☐ | ☒ | ☐ | ☐ | ☐ | ☐ | ☐ | ☐ | ☐ |
| Präsentation | ☐ | ☐ | ☐ | ☐ | ☐ | ☒ | ☐ | ☐ | ☐ | ☒ |

### Präsentation

Vorstellen der Grundgedanken zum Projekt
Vorstellen der Bücherecke
Erläuterung des Buchangebots und der Ausleihe
Formulierung von Erfahrungen mit dem Projekt
Formulierung von Erfahrungen mit der Arbeit im Team

---

### Ähnliche Projektthemen:

- Eine Spieleecke im Klassenzimmer einrichten
- Eine Nachschlageecke im Klassenzimmer einrichten
- Eine Freiarbeitsecke im Klassenzimmer einrichten
- Eine Rechtschreib-Übungsecke im Klassenzimmer einrichten

# Projekt 7: Ein Spielgerät für die Pause herstellen

**Anfertigung von Jonglierspielen zur Beschäftigung in der Pause**
Beteiligte Fächer: Technik, Deutsch, Mathematik
Gruppengröße: ca. 5–6 Schüler/innen

**Ziel des Projekts ist es,**
Spielgeräte herzustellen, die aus Kästen bestehen, deren Deckplatte Löcher und Hindernisse hat, um die eine Kugel bis zum Zielloch herumjongliert werden soll.

## Nutzen des Projekts

Verwendung zur Pausenbeschäftigung im Klassenzimmer

## Beschreibung des Projekts

Bedeutung der Pausenbeschäftigung im Klassenzimmer erklären (D) – Spielgerät entwerfen (T) – Herstellungsanleitung anfertigen (D) – Kosten berechnen (M) – Spielgeräte herstellen (T) – Spielhinweise formulieren (D)

## Arbeitsfragen

Warum ist eine Pausenbeschäftigung im Klassenzimmer wichtig?
Wie sollen die Spielgeräte funktionieren?
Welches Material wird für die Spielgeräte gebraucht?
Wie viele Spielgeräte sollen gebaut werden?
Wie muss eine Herstellungsanleitung aussehen?
Wie formuliert man eine Spielanleitung?

## Einzelarbeiten oder Gruppenarbeiten

Einzelarbeiten:
- Material beschaffen
- Muster für eine Herstellungsanleitung beschaffen
- Muster für eine Spielanleitung beschaffen

Gruppenarbeiten:
- Aussehen der Deckflächen (Hindernisse und Löcher) festlegen
- Materialbedarf zusammenstellen
- Herstellungsverfahren planen
- Kosten berechnen
- Spielgeräte herstellen
- Texte für die Herstellungsanleitung und die Spielanleitung formulieren

## Informationsquellen

Gebrauchsbeilagen zu Geschicklichkeitsspielen
Bauanleitungen für Selbstbauobjekte in Fachmärkten, Kaufhäusern
Materialangebote in Fachmärkten

## Ordnungskategorien

| Gebrauchsfestlegungen | Konstruktionsmerkmale | Anleitungen |
|---|---|---|
| *Schwierigkeitstypen, Lochzahl, Kugelgröße, Hindernisse* | *Größe, Maße, Farbe, Bemalung* | Herstellungsanleitung, Spielanleitung |

## Möglichkeiten zur Ergebnisdarstellung

| Darstellungsformen | Text | Bild | Liste | Grafik | Karte | Plakat | Heft | Modell | Aktion | Objekt |
|---|---|---|---|---|---|---|---|---|---|---|
| Gebrauchsfestlegungen | ☐ | ☐ | ☒ | ☐ | ☐ | ☐ | ☐ | ☐ | ☐ | ☐ |
| Konstruktionsmerkmale | ☐ | ☒ | ☒ | ☐ | ☐ | ☐ | ☐ | ☐ | ☐ | ☐ |
| Anleitungen | ☒ | ☒ | ☒ | ☐ | ☐ | ☐ | ☐ | ☐ | ☐ | ☐ |
| Präsentation | ☐ | ☐ | ☐ | ☐ | ☐ | ☒ | ☐ | ☐ | ☒ | ☒ |

## Präsentation

Vorstellen der Grundgedanken zum Projekt
Vorstellen der Spielgeräte
Erläuterung der Gerätekonstruktion
Formulierung von Erfahrungen mit dem Projekt
Formulierung von Erfahrungen mit der Arbeit im Team

## Ähnliche Projektthemen:

- Ein Puzzle für die Pause herstellen
- Ein Memory für die Pause herstellen
- Ein Domino für die Pause herstellen
- Ein Würfelspiel für die Pause herstellen

# Projekt 8: Einen Spiel- und Sporttag organisieren

**Durchführung eines Spiel- und Sporttages im Freien mit einer Klasse**
Beteiligte Fächer: Sport, Deutsch
Gruppengröße: ca. 4–5 Schüler/innen

**Ziel des Projekts ist es,**
für die Klasse einen Spiel- und Sporttag im Freien zu organisieren, bei dem ein abwechslungsreiches Betätigungsangebot für alle Schüler/innen zur Verfügung steht.

## Nutzen des Projekts

Durchführung der Planung als gemeinschaftsfördernde Veranstaltung für die eigene Klasse oder für andere Klassen

## Beschreibung des Projekts

Bedeutung von Spiel und Sport klären (Sp, D) – einen Spiel- und Sporttag planen (Sp) – die Ablaufplanung darstellen (D) – die Spiele organisieren (Sp) – den Sporttag durchführen

## Arbeitsfragen

Welche Bedeutung kann ein Spiel- und Sporttag haben?
Welche Spiel- und Sportinteressen haben die Mitschülerinnen und Mitschüler?
Welche Spielangebote können gemacht werden?
Wie sind die einzelnen Angebote zu organisieren?
Wie können die Spielgeräte beschafft werden?
Wo soll die Veranstaltung stattfinden?
Wie können die Teilnehmerinnen und Teilnehmer informiert werden?

## Einzelarbeiten oder Gruppenarbeiten

Einzelarbeiten:
Spielgeräte beschaffen
organisatorische Vereinbarungen treffen
Erkunden geeigneter Spielgelände

Gruppenarbeiten:
Spielangebote festlegen
Veranstaltungsgelände festlegen und genau erkunden
Spielstationen organisieren
Informationstexte formulieren
Teilnehmerinnen und Teilnehmer informieren

## Informationsquellen

Sportgerätesammlung der Schule
Kataloge für Spiel- und Sportgeräte
Sportfachbücher der Lehrerbücherei und im Buchhandel
Gespräch mit Mitschülerinnen und Mitschülern
Gespräch mit Sportlehrkräften
Gegebenheiten des Veranstaltungsgeländes

## Ordnungskategorien

| Bedeutung der Veranstaltung | Spielangebot | Information zum Spielangebot |
|---|---|---|
| *Gesundheit, Gemeinschaftserleben* | *Ballspiele: Tischtennis, Federball, Volleyball*<br>*Geschicklichkeitsspiele: Jonglieren, Balancieren*<br>*Bewegungsspiele: Seilhüpfen, Reifenkreisen* | *Einladung zur Teilnahme, Anleitungen zur Benutzung der Geräte, Spieldauer, Stationswechsel, Spieleinweisung* |

## Möglichkeiten zur Ergebnisdarstellung

| <u>Darstellungsformen</u> | Text | Bild | Liste | Grafik | Karte | Plakat | Heft | Modell | Aktion | Objekt |
|---|---|---|---|---|---|---|---|---|---|---|
| Spielbedeutung | ☒ | ☐ | ☐ | ☐ | ☐ | ☐ | ☐ | ☐ | ☐ | ☐ |
| Spielangebot | ☒ | ☒ | ☒ | ☐ | ☒ | ☐ | ☐ | ☐ | ☐ | ☐ |
| Spielinformation | ☒ | ☐ | ☒ | ☐ | ☐ | ☒ | ☐ | ☐ | ☐ | ☐ |
| Präsentation | ☐ | ☐ | ☐ | ☐ | ☒ | ☒ | ☐ | ☒ | ☒ | ☐ |

## Präsentation

Vorstellen der Grundgedanken zum Projekt
Vorstellen der Veranstaltungsplanung
Durchführung der Veranstaltung

Formulierung von Erfahrungen mit dem Projekt
Formulierung von Erfahrungen mit der Arbeit im Team

## Ähnliche Projektthemen:

- Einen Spieltag im Klassenraum organisieren
- Ein Klassenfest organisieren
- Eine Disko für die Klasse organisieren
- Einen Flohmarkt organisieren

# Projekt 9: Eine Autorenlesung durchführen

**Organisation einer Klassenveranstaltung mit einem Schriftsteller**

Beteiligte Fächer: Deutsch, Bildende Kunst, Mathematik

Gruppengröße: ca. 5–6 Schüler/innen

**Ziel des Projekts ist es,**
eine Veranstaltung zu organisieren, bei der ein Autor/eine Autorin in der Schule vorliest und Fragen zur Arbeit und zur Person beantwortet.

## Nutzen des Projekts

Konkreter Beitrag zur literarischen Bildung als Teil des Deutschunterrichtes der Klasse

## Beschreibung des Projekts

Bedeutung des Lesens klären (D) – Sinn der Begegnung mit dem Autor erläutern (D) – Kosten schätzen/berechnen (M) – Kontakt mit dem Autor aufnehmen (D) – für die Veranstaltung werben und einladen (D, BK) – die Veranstaltung organisieren (D)

## Arbeitsfragen

Welche Bedeutung hat das Lesen für die Mitschülerinnen und Mitschüler?
Wie findet man Autoren, die zu einer Lesung bereit sind?
Welche Kosten entstehen für die Veranstaltung und wie werden sie finanziert?
Wer soll an der Veranstaltung teilnehmen?
Wie läuft die Veranstaltung ab?
Welche Fragen kann man stellen?
Wie informiert man die Teilnehmerinnen und Teilnehmer?

## Einzelarbeiten oder Gruppenarbeiten

Einzelarbeiten:
- ein Autorenverzeichnis beschaffen
- organisatorische Vereinbarungen vorbereiten
- Befragung der Mitschülerinnen und Mitschüler über Lesegewohnheiten

Gruppenarbeiten:
- mit Autoren Kontakt aufnehmen
- die Kosten und die Kostenübernahme klären/berechnen
- den Teilnehmerkreis festlegen
- die Veranstaltung planen
- Fragen an den Autor/die Autorin formulieren
- Teilnehmerinformation erstellen
- Teilnehmer einladen
- die Veranstaltung durchführen

## Informationsquellen

Autorenverzeichnis des *Bundesverbandes des Friedrich-Bödecker-Kreises e.V., Fischtorplatz 23, 55116 Mainz*
Gespräch mit Personal in Buchhandel oder Bibliothek
Gespräch mit Mitschülerinnen und Mitschüler

## Ordnungskategorien

| Bedeutung des Lesens | Sinn der Autorenlesung | Teilnehmerinformation |
|---|---|---|
| *Leseverhalten: Häufigkeit des Lesens, Art der Lektüre*<br>*Leseinteressen: Unterhaltung, Information* | *persönlichen Bezug zur Literatur herstellen, Nicht-Leser oder Wenig-Leser zum Lesen anregen* | *Information über den Autor/die Autorin, Information über das Buch, aus dem gelesen wird, Erstellen eines Plakates mit Bild des Autors, Buchtitelblatt, Illustration zum Buch* |

## Möglichkeiten zur Ergebnisdarstellung

| Darstellungsformen | Text | Bild | Liste | Grafik | Karte | Plakat | Heft | Modell | Aktion | Objekt |
|---|---|---|---|---|---|---|---|---|---|---|
| Bedeutung des Lesens | ☒ | ☐ | ☒ | ☒ | ☐ | ☐ | ☐ | ☐ | ☐ | ☐ |
| Sinn der Autorenlesung | ☒ | ☐ | ☐ | ☐ | ☐ | ☐ | ☐ | ☐ | ☐ | ☐ |
| Teilnehmerinformation | ☒ | ☒ | ☐ | ☐ | ☐ | ☒ | ☐ | ☐ | ☐ | ☐ |
| Präsentation | ☐ | ☐ | ☐ | ☐ | ☐ | ☒ | ☐ | ☐ | ☒ | ☐ |

## Präsentation

Vorstellen der Grundgedanken zum Projekt
Darstellung der Überlegungen zum Lesen und zum Leseverhalten
Erläuterung von Sinn und Ablauf der Veranstaltung
Durchführung der Veranstaltung
Formulierung von Erfahrungen mit dem Projekt
Formulierung von Erfahrungen mit der Arbeit im Team

## Ähnliche Projektthemen:

- Eine Veranstaltung mit Musik (Musiker/Musikgruppe) organisieren
- Eine Veranstaltung mit Trickkunst (Zauberer) organisieren
- Eine Veranstaltung mit bildnerischer Kunst (Maler) organisieren
- Eine Veranstaltung mit einer Tierschau (Kleinzirkus) organisieren

# Projekt 10: Für gesunde Ernährung werben

**Durchführung eines gesunden Frühstücks in einer Klasse**
Beteiligte Fächer: Deutsch, Hauswirtschaft, Biologie, Bildende Kunst, Mathematik
Gruppengröße: ca. 5–6 Schüler/innen

**Ziel des Projekts ist es,**
in einer Schülergruppe für gesunde Ernährung zu werben und als praktisches Beispiel dafür ein gesundes Frühstück zu organisieren.

## Nutzen des Projekts

Anregung zu einem gesunden Ernährungsverhalten im Alltag

## Beschreibung des Projekts

Veränderung der Essgewohnheiten darstellen (HW, D) – Merkmale gesunder Ernährung beschreiben (HW, Bio) – Kosten berechnen (HW, M) – ein gesundes Frühstück für eine Klasse planen und organisieren (HW, BK)

## Arbeitsfragen

Welche Merkmale weisen unsere gegenwärtigen Essgewohnheiten auf?
Welche Merkmale treffen auf unsere Mitschülerinnen und Mitschüler zu?
Welche Merkmale kennzeichnen eine gesunde Ernährung?
Wo kann man sich über Ernährungsangelegenheiten informieren?
Wie sieht ein gesundes Frühstück aus?
Welche Kosten entstehen für die Veranstaltung und wie werden sie finanziert?
Wie kann man ein gesundes Frühstück organisieren?

## Einzelarbeiten oder Gruppenarbeiten

Einzelarbeiten:
Material über Ernährungsangelegenheiten beschaffen
Mitschülerinnen und Mitschüler befragen
Frühstückszutaten beschaffen

Gruppenarbeiten:
Ernährungsliteratur auswerten
Schülerbefragung auswerten
gesundes Frühstück planen
Kosten für ein gesundes Frühstück berechnen
Informationen erstellen
Frühstück organisieren und durchführen

## Informationsquellen

Fachbuchhandel
Beratungsstellen bei den Krankenkassen
*Verband für unabhängige Gesundheitsberatung e.V., Keplerstr. 1, 35390 Gießen*
*Verbraucherzentrale Baden-Württemberg e.V., Paulinenstr. 47, 70178 Stuttgart*
Gespräch mit Mitschülerinnen und Mitschülern

## Ordnungskategorien

| Ernährungsgewohnheiten | Gesunde Ernährung | Teilnehmerinformation |
|---|---|---|
| *Tendenzen: Fertiggericht, Kurzmahlzeiten* | *Regelmäßigkeit, Vollwertkost* | *aktuelle Ernährungsgewohnheiten, Merkmale gesunder Ernährung, Einladung zu einem gesunden Frühstück* |

## Möglichkeiten zur Ergebnisdarstellung

| Darstellungsformen | Text | Bild | Liste | Grafik | Karte | Plakat | Heft | Modell | Aktion | Objekt |
|---|---|---|---|---|---|---|---|---|---|---|
| Ernährungsgewohnheiten | ☒ | ☐ | ☒ | ☒ | ☐ | ☐ | ☐ | ☐ | ☐ | ☐ |
| Ernährungsmerkmale | ☒ | ☐ | ☒ | ☐ | ☐ | ☐ | ☐ | ☐ | ☐ | ☐ |
| Teilnehmerinformation | ☒ | ☒ | ☐ | ☐ | ☐ | ☐ | ☐ | ☐ | ☐ | ☐ |
| Präsentation | ☐ | ☐ | ☐ | ☐ | ☐ | ☒ | ☐ | ☐ | ☒ | ☐ |

## Präsentation

Vorstellen der Grundgedanken zum Projekt
Vorstellen der Broschüre
Erläuterung der Broschürengestaltung
Formulierung von Erfahrungen mit dem Projekt
Formulierung von Erfahrungen mit der Arbeit im Team

---

## Ähnliche Projektthemen:

- Für eine gesunde Ernährung beim Mittagessen werben
- Für eine gesunde Ernährung in der Pause werben
- Für eine gesunde Ernährung durch biologische Nahrungsprodukte werben
- Für eine gesunde Ernährung bei den Getränken werben

# Projekt 11: Einen Gottesdienst mitgestalten

**Beteiligung an einem Gottesdienst durch eigene Beiträge**
Beteiligte Fächer: Religion, Deutsch, Bildende Kunst
Gruppengröße: ca. 5–6 Schüler/innen

**Ziel des Projekts ist es,**
einen Gottesdienst durch eigene Beiträge und die Übernahme fester Teile des Ablaufs mitzugestalten.

## Nutzen des Projekts

Beitrag dazu, einen Gottesdienst abwechslungsreicher zu gestalten und damit Gottesdienstbesucher persönlicher anzusprechen

## Beschreibung des Projekts

Begründung für die Beteiligung von Laien am Gottesdienst darstellen (Rel) – Beiträge für einen Gottesdienst auswählen und erarbeiten (D, Rel) – Darbietung der Beiträge erproben (D, Rel, BK) einen Gottesdienst mit den erarbeiteten Beiträgen mitgestalten

## Arbeitsfragen

Warum ist die Beteiligung von Laien am Gottesdienst sinnvoll?
Welche Kirchengemeinde ist zum Mitmachen bereit?
Welche Gottesdienstteile gibt es?
Welche Beiträge eignen sich zur Beteiligung?
Wo findet man geeignete Beitragstexte?

## Einzelarbeiten oder Gruppenarbeiten

| | |
|---|---|
| Einzelarbeiten: | organisatorische Vereinbarungen treffen<br>Material zur Beitragsauswahl beschaffen<br>ausgewählte Beiträge lernen und üben |
| Gruppenarbeiten: | Material sichten und Beiträge auswählen<br>Beiträge bearbeiten<br>Vortrag der Beiträge üben und verbessern<br>Gottesdienst mitgestalten<br>im Religionsunterricht für die Teilnahme am Gottesdienst werben |

### Informationsquellen

Gespräch mit Fachleuten, z. B. Religionslehrkräften, Schuldekan
Beobachtung von Gottesdiensten
Durchsicht von Religionsbüchern

### Ordnungskategorien

| Sinn der Mitgestaltung | Beiträge | Mitschülerinformation |
|---|---|---|
| *Abwechslung, persönlicher Bezug, Beteiligung der Gemeinde* | *Vorspielen einer Bibelszene, Vorlesen eines Textes, Gesangsvortrag, Textillustration mit Bildern* | *Sinn der Mitgestaltung, Art der Beiträge* |

### Möglichkeiten zur Ergebnisdarstellung

| Darstellungsformen | Text | Bild | Liste | Grafik | Karte | Plakat | Heft | Modell | Aktion | Objekt |
|---|---|---|---|---|---|---|---|---|---|---|
| Sinn der Mitgestaltung | ☒ | ☐ | ☒ | ☐ | ☐ | ☐ | ☐ | ☐ | ☐ | ☐ |
| Beiträge | ☒ | ☒ | ☐ | ☐ | ☐ | ☐ | ☐ | ☐ | ☐ | ☐ |
| Mitschülerinformation | ☒ | ☐ | ☒ | ☐ | ☐ | ☒ | ☐ | ☐ | ☐ | ☐ |
| Präsentation | ☐ | ☐ | ☐ | ☐ | ☐ | ☒ | ☐ | ☐ | ☒ | ☒ |

### Präsentation

Vorstellen der Grundgedanken zum Projekt
Darstellung des Sinns der aktiven Beteiligung an einem Gottesdienst
Erläuterung der Gestaltungsbeiträge
Teilnahme am Gottesdienst mit den eigenen Beiträgen
Formulierung von Erfahrungen mit dem Projekt
Formulierung von Erfahrungen mit der Arbeit im Team

---

### Ähnliche Projektthemen:

- Einen Elternabend mitgestalten
- Eine Begrüßungsfeier zum Schulanfang mitgestalten
- Eine örtliche Veranstaltung mitgestalten (z. B. Sommertagszug, Fastnachtszug)
- Eine Entlassfeier mitgestalten

# Projekt 12: Einen Nachmittag in einem Heim gestalten

**Planung und Durchführung eines Nachmittags im Seniorenheim**
Beteiligte Fächer: Deutsch, Hauswirtschaft, Musik, Mathematik
Gruppengröße: ca. 5–6 Schüler/innen

**Ziel des Projekts ist es,**
eine Veranstaltung zu organisieren, bei der den Bewohnern in einem Seniorenheim an einem Nachmittag eine ihren Bedürfnissen gerechte Unterhaltung geboten wird.

## Nutzen des Projekts

Praktischer Beitrag zur Lebensqualität von älteren Menschen

## Beschreibung des Projekts

Sinn der Veranstaltung erläutern (D) – Unterhaltungsprogramm planen und erarbeiten (D, Mu) – Kosten der Veranstaltung berechnen (M) – die Bewirtung und Dekoration herstellen (HW, BK) – den Raum gestalten (HW, BK) – die Veranstaltung durchführen

## Arbeitsfragen

Warum ist es sinnvoll, einen Seniorennachmittag zu gestalten?
Welche Interessen und Bedürfnisse haben Seniorinnen und Senioren?
Wie kann der Nachmittag gestaltet werden?
Welche Art Unterhaltung interessiert ältere Menschen?
Wie werden die Teilnehmer informiert?
Wo befinden sich Seniorenheime, mit denen man Kontakt aufnehmen kann?
Wie lange soll die Veranstaltung dauern?
Welche Kosten entstehen für die Veranstaltung und wie werden sie finanziert?

## Einzelarbeiten oder Gruppenarbeiten

Einzelarbeiten:
- Seniorenheim erkunden
- organisatorische Vereinbarungen treffen
- Bedürfnisse älterer Menschen ermitteln
- Gestaltungsmaterial für die Veranstaltung beschaffen

Gruppenarbeiten:
- ermittelte Bedürfnisse auswerten
- Veranstaltung planen
- Veranstaltungsbeiträge erarbeiten
- Veranstaltung durchführen

## Informationsquellen

Gespräche mit Bewohnerinnen und Bewohnern von Seniorenheimen
Gespräche mit Personal von Seniorenheimen
Gespräche mit Vertretern sozialer Einrichtungen, z. B. Caritas, Diakonie
Literatur über Senioren im Buchhandel

## Ordnungskategorien

| Bedürfnisse älterer Leute | Veranstaltungspunkte | Teilnehmerinformation |
|---|---|---|
| *Gespräch, Unterhaltung, Spiel, geistige Anregung, Kontakt mit jungen Menschen* | *Gesangsdarbietung, Quiz, Rätsel, szenisches Spiel, Sketche, Bewirtung* | *Einladung, Ablaufinformation* |

## Möglichkeiten zur Ergebnisdarstellung

| Darstellungsformen | Text | Bild | Liste | Grafik | Karte | Plakat | Heft | Modell | Aktion | Objekt |
|---|---|---|---|---|---|---|---|---|---|---|
| Bedürfnisse älterer Leute | ☒ | ☐ | ☒ | ☐ | ☐ | ☐ | ☐ | ☐ | ☐ | ☐ |
| Veranstaltungspunkte | ☐ | ☐ | ☒ | ☐ | ☐ | ☐ | ☐ | ☐ | ☐ | ☐ |
| Teilnehmerinformation | ☒ | ☐ | ☒ | ☐ | ☐ | ☒ | ☐ | ☐ | ☐ | ☐ |
| Präsentation | ☒ | ☐ | ☐ | ☐ | ☐ | ☒ | ☐ | ☐ | ☒ | ☐ |

## Präsentation

Vorstellen der Grundgedanken zum Projekt
Erläuterung der geplanten Veranstaltung
Durchführung der Veranstaltung
Formulierung von Erfahrungen mit dem Projekt
Formulierung von Erfahrungen mit der Arbeit im Team

---

## Ähnliche Projektthemen:

- Einen Nachmittag im Kinderheim gestalten
- Einen Kindernachmittag in der Grundschule gestalten
- Einen Nachmittag für eine Jugendgruppe gestalten
- Ein Klassenfest gestalten

# Projekt 13: Ein Gedicht anschaulich gestalten

**Gestaltung eines Gedichts durch Klang, Bild und Sprache**
Beteiligte Fächer: Deutsch, Bildende Kunst, Musik
Gruppengröße: ca. 6–8 Schüler/innen

**Ziel des Projekts ist es,**
ein Gedicht inhaltlich zu erarbeiten, es durch Sprechen und musikalische und bildliche Mittel anschaulich zu gestalten und vor einem Publikum vorzutragen.

## Nutzen des Projekts

Beitrag zum Fach Deutsch und persönlicher Gewinn für den Umgang mit Literatur

## Beschreibung des Projekts

den Sinn der Veranschaulichung/Gestaltung eines Textes erläutern (D) – Möglichkeiten zur Veranschaulichung von Texten darstellen (D, Mu, BK) – ein Gedicht auswählen (D) – verschiedene Veranschaulichungen praktisch ausführen (D, BK, Mu) – die Wirkung verschiedener Veranschaulichungen vergleichen (D)

## Arbeitsfragen

Was bringt es, einen Text zu veranschaulichen?
Welche Besonderheiten eines Textes lassen sich veranschaulichen?
Wie findet man Texte, die sich zur Veranschaulichung eignen?
Welche Möglichkeiten zur Veranschaulichung von Texten gibt es?

## Einzelarbeiten oder Gruppenarbeiten

| | |
|---|---|
| Einzelarbeiten: | Textsammlungen beschaffen<br>nach geeigneten Texten suchen<br>Veranschaulichungsmittel beschaffen |
| Gruppenarbeiten: | Textsammlungen sichten<br>einen geeigneten Texten auswählen<br>Veranschaulichungsmöglichkeiten finden<br>Veranschaulichungen erarbeiten<br>Textvortrag mit Veranschaulichungen üben und verbessern |

### Informationsquellen

Sammelbände mit Gedichten
Lesebücher
Gespräch mit Lehrkräften des Faches Deutsch
Gespräch mit dem Personal einer Buchhandlung oder Bücherei

### Ordnungskategorien

| Sinn der Veranschaulichung | Veranschaulichungen | Wirkungsvergleich |
|---|---|---|
| *Wesentliches wird neu formuliert und dadurch besser verständlich* | *Möglichkeiten: zeichnerisch, musikalisch, sprachlich* | *Verstärkung, Betonung, Verfeinerung* |

### Möglichkeiten zur Ergebnisdarstellung

| Darstellungsformen | Text | Bild | Liste | Grafik | Karte | Plakat | Heft | Modell | Aktion | Objekt |
|---|---|---|---|---|---|---|---|---|---|---|
| Veranschaulichungssinn | ☒ | ☐ | ☐ | ☐ | ☐ | ☐ | ☐ | ☐ | ☐ | ☐ |
| Veranschaulichungen | ☐ | ☒ | ☐ | ☐ | ☐ | ☐ | ☐ | ☐ | ☒ | ☐ |
| Wirkungsvergleich | ☒ | ☐ | ☒ | ☐ | ☐ | ☐ | ☐ | ☐ | ☐ | ☐ |
| Präsentation | ☐ | ☐ | ☐ | ☐ | ☐ | ☒ | ☐ | ☐ | ☒ | ☐ |

### Präsentation

Vorstellen der Grundgedanken zum Projekt
Erläuterung der Veranschaulichungen
Vortrag des Gedichts mit seinen Veranschaulichungen
Formulierung von Erfahrungen mit dem Projekt
Formulierung von Erfahrungen mit der Arbeit im Team

---

### Ähnliche Projektthemen:

- Eine Bildergeschichte anschaulich gestalten
- Einen Erzähltext (Prosatext) anschaulich gestalten
- Einen Dialogtext anschaulich gestalten
- Einen selbst hergestellten Videostummfilm mit Klang und Sprache gestalten

# Projekt 14: Einen Erzähltext szenisch darstellen

**Umformung eines Erzähltextes in spielbare Szenen**
Beteiligte Fächer: Deutsch, Bildende Kunst, Musik, Technik, Textiles Werken
Gruppengröße: ca. 6–8 Schüler/innen

**Ziel des Projekts ist es,**
einen Erzähltext inhaltlich zu erarbeiten, in einem Spiel zu gestalten und vor einem kleinen Publikum aufzuführen.

## Nutzen des Projekts

Beitrag zum Fach Deutsch und persönlicher Gewinn für den Umgang mit Literatur

## Beschreibung des Projekts

Sinn der spielerischen Umsetzung eines Textes erläutern (D) – Kosten für die Spielmittel berechnen (M) – ein Regiebuch erarbeiten (D) – Text auswählen, erarbeiten und in Handlungsszenen einteilen (D) – Dialoge formulieren (D) – mit Ton untermalen (Mu) – Spielmittel herstellen (BK, T, TW) – das Spiel proben und aufführen (D)

## Arbeitsfragen

Wie findet man Texte, die sich zum Spielen eignen?
Welcher Text eignet sich zur szenischen Umsetzung?
Wie sieht ein Regiebuch aus?
Welche Spielmittel werden gebraucht?
Wie werden die Rollen besetzt?
Wo findet die Aufführung statt?

## Einzelarbeiten oder Gruppenarbeiten

Einzelarbeiten:
Textsammlungen beschaffen
nach spielbaren Texten suchen
Spielmittel beschaffen
Rollen lernen

Gruppenarbeiten:
einen geeigneten spielbaren Text auswählen
den Text erarbeiten
den Text in Spielszenen umsetzen
ein Regiebuch erstellen
Spielszenen proben und verbessern
das erarbeitete Spiel aufführen

## Informationsquellen

Sammelbände mit Lesetexten
Lesebücher
Gespräch mit Lehrkräften des Faches Deutsch
Gespräch mit dem Personal einer Buchhandlung oder Bücherei

## Ordnungskategorien

| Sinn der Umsetzung | Regiebuch | Spielvorbereitung |
|---|---|---|
| *Wesentliches neu formulieren und dadurch besser verständlich machen, Aussagen betonen, Personen gut vorstellbar machen* | *Spielkommentar: zeichnerisch, musikalisch*<br>*Spielmittel: Gesichtsausdruck, Körpersprache, Kostüme, Klangeffekte mit Orff-Instrumenten, Requisiten (Spielgegenstände)* | *Bühnenausstattung*<br>*Szenenausstattung*<br>*Szenenarrangement* |

## Möglichkeiten zur Ergebnisdarstellung

| Darstellungsformen | Text | Bild | Liste | Grafik | Karte | Plakat | Heft | Modell | Aktion | Objekt |
|---|---|---|---|---|---|---|---|---|---|---|
| Sinn der Umsetzung | ☒ | ☐ | ☐ | ☐ | ☐ | ☐ | ☐ | ☐ | ☐ | ☐ |
| Regiebuch | ☒ | ☐ | ☐ | ☐ | ☐ | ☐ | ☒ | ☐ | ☐ | ☐ |
| Spielvorbereitung | ☒ | ☒ | ☐ | ☐ | ☐ | ☐ | ☐ | ☒ | ☐ | ☐ |
| Präsentation | ☒ | ☐ | ☐ | ☐ | ☐ | ☐ | ☐ | ☐ | ☒ | ☐ |

## Präsentation

Vorstellen der Grundgedanken zum Projekt
Erläuterung des szenischen Spiels anhand des Regiebuchs
Aufführung des Spiels
Formulierung von Erfahrungen mit dem Projekt
Formulierung von Erfahrungen mit der Arbeit im Team

## Ähnliche Projektthemen:

- Eine Bildergeschichte szenisch gestalten
- Ein Gedicht szenisch gestalten
- Eine selbst erfundene Handlung szenisch gestalten
- Eine Vorlage, die bereits in Dialogform geschrieben ist, szenisch gestalten

# Projekt 15: Künstlerische Techniken erproben

**Darstellung der Wirkung verschiedener Techniken in der Kunst**
Beteiligte Fächer: Bildende Kunst, Deutsch, Technik
Gruppengröße: ca. 4–5 Schüler/innen

**Ziel des Projekts ist es,**
zu zeigen, dass in der Kunst verschiedene Gestaltungstechniken als Ausdrucksmittel verwendet werden und unterschiedliche Wirkung haben.

## Nutzen des Projekts

Geschmacksbildung durch Erproben, welche Wirkung verschiedene künstlerische Techniken haben

## Beschreibung des Projekts

verschiedene Kunsttechniken beschreiben (BK, D) – eine Umrisszeichnung zu einem selbst gewählten Thema entwerfen und vervielfältigen – die Umrisszeichnung in verschiedenen Techniken gestalten – die Bilder in geeigneter Weise selbst rahmen (T) – die Wirkung der verschiedenen Techniken bei den eigenen Bildern vergleichen und beschreiben (BK, D)

## Arbeitsfragen

Welche Techniken gibt es in der Kunst?
Welche Materialien werden als Techniken verwendet?
Wie wirken diese Techniken?
Wie kann man die Wirkung beschreiben?
Welche Techniken kann man selbst ausprobieren?
Wo sind die Materialien erhältlich?
Welches Bildthema eignet sich zur Gestaltung in verschiedenen Techniken?

## Einzelarbeiten oder Gruppenarbeiten

Einzelarbeiten:
Informationen über Techniken in der Kunst sammeln
in verschiedenen Techniken gestaltete Bilder beschaffen
Arbeitsmaterial beschaffen
ein Bildthema als Umrisslinie zeichnen und vervielfältigen

Gruppenarbeiten:
ein Bildthema festlegen
Techniken zur Durchführung auswählen
Umrissbilder in verschiedenen Techniken gestalten
Bilderrahmen herstellen und die Bilder damit rahmen
die Wirkung der Bilder feststellen und beschreiben

## Informationsquellen

Kunsthalle oder Galerien
Fachgeschäfte für Künstlerbedarf
Veröffentlichungen über künstlerische Techniken im Buchhandel

## Ordnungskategorien

| Techniken | Sprachliche Mittel | Praktische Arbeiten |
|---|---|---|
| *Techniken mit Pinsel, Techniken mit Stiften* | *Adjektive als Gegensatzpaare: z. B. verschwommen – klar, hart – weich,* | *Herstellen und Vervielfältigen einer Umrisszeichnung, Ausgestaltung der Umrisszeichnung in verschiedenen Techniken, Beschreibung der Wirkung* |

## Möglichkeiten zur Ergebnisdarstellung

| Darstellungsformen | Text | Bild | Liste | Grafik | Karte | Plakat | Heft | Modell | Aktion | Objekt |
|---|---|---|---|---|---|---|---|---|---|---|
| Techniken | ☐ | ☐ | ☒ | ☐ | ☐ | ☐ | ☐ | ☐ | ☐ | ☐ |
| Sprachliche Mittel | ☐ | ☐ | ☒ | ☐ | ☐ | ☐ | ☐ | ☐ | ☐ | ☐ |
| Praktische Arbeiten | ☐ | ☐ | ☐ | ☐ | ☐ | ☐ | ☐ | ☐ | ☐ | ☒ |
| Präsentation | ☐ | ☐ | ☐ | ☐ | ☐ | ☒ | ☐ | ☐ | ☒ | ☐ |

## Präsentation

Vorstellen der Grundgedanken zum Projekt
Vorstellen der künstlerischen Techniken
Vorstellen der in unterschiedlichen Techniken selbst gestalteten Bilder
Beschreibung der unterschiedlichen Wirkung
Formulierung von Erfahrungen mit dem Projekt
Formulierung von Erfahrungen mit der Arbeit im Team

---

## Ähnliche Projektthemen:

- Musikalische Gestaltungsmittel (z. B. Instrumente) erproben
- Technische Werkstoffe (z. B. Holz, Metall) erproben
- Textile Werkstoffe (z. B. Wolle, Seide) erproben
- Farben und Schrifttypen (z. B. auf Plakaten) erproben

# Projekt 16: Literarische Textformen verwenden

**Darstellung der Wirkung schriftstellerischer Formen**
Beteiligte Fächer: Deutsch, Bildende Kunst
Gruppengröße: ca. 4–5 Schüler/innen

**Ziel des Projekts ist es,**
das selbe Thema in verschiedenen Textformen so umzusetzen, dass der Inhalt gleich bleibt, die Wirkung sich aber durch die verschiedenen Formen ändert.

## Nutzen des Projekts

Vertiefung der Lesefertigkeit durch Erproben, wie verschiedene Textformen in der Literatur wirken

## Beschreibung des Projekts

Merkmale von Textformen beschreiben (D) – ein Thema auswählen (D) - dieses Thema in verschiedene Textformen übertragen und die entsprechenden Texte schreiben (D, BK) – die Wirkung der eigenen Texte vergleichen und beschreiben (D) – eine Broschüre mit Texten gestalten und herstellen (BK)

## Arbeitsfragen

Welche literarischen Textformen gibt es?
Welche speziellen Merkmale haben diese Textformen?
Welches Thema eignet sich für die Umsetzung in verschiedene Textformen?
Welche Textformen sollen praktisch ausgeführt werden?
Welche Gesichtspunkte eignen sich zum Vergleich der eigenen Texte?
Wie können die Texte in ihrer Wirkung beschrieben werden?

## Einzelarbeiten oder Gruppenarbeiten

| | |
|---|---|
| Einzelarbeiten: | Informationen über Textformen sammeln<br>geeignete Textbeispiele zu den Textformen suchen<br>ein Thema selbst in verschiedenen Textformen schreiben |
| Gruppenarbeiten: | Merkmale der verschiedenen Textformen zusammenstellen<br>ein Thema zur Umsetzung in verschiedene Textformen finden<br>die selbst geschriebenen Texte bearbeiten und verbessern<br>die Wirkung der eigenen Texte beschreiben und vergleichen<br>Texte und Vergleichsergebnisse als Textbuch zusammenfassen |

## Informationsquellen

Lesebücher, Geschichtensammlungen
Buchhandlung
Bibliothek

## Ordnungskategorien

| Textformen | Merkmale der Textformen | Textarbeit |
|---|---|---|
| *Erzähltes: Märchen, Fabel*<br>*Gereimtes: Erzählgedicht*<br>*Gezeichnetes: Bildergeschichte, Comic* | *Äußerlich: Aufbau, Abschnitte*<br>*Sprachlich: Wörtliche Rede, Ich-Erzähler*<br>*Inhaltlich: Personen, Handlung, offenes Ende* | *Gestaltung der eigenen Textblätter,*<br>*Formulieren der Wirkung durch Adjektive* |

## Möglichkeiten zur Ergebnisdarstellung

| Darstellungsformen | Text | Bild | Liste | Grafik | Karte | Plakat | Heft | Modell | Aktion | Objekt |
|---|---|---|---|---|---|---|---|---|---|---|
| Textformen | ☐ | ☐ | ☒ | ☐ | ☐ | ☐ | ☐ | ☐ | ☐ | ☐ |
| Merkmale der Textformen | ☒ | ☐ | ☒ | ☐ | ☐ | ☐ | ☐ | ☐ | ☐ | ☐ |
| Textarbeit | ☒ | ☐ | ☐ | ☐ | ☐ | ☐ | ☐ | ☐ | ☐ | ☐ |
| Präsentation | ☐ | ☐ | ☐ | ☐ | ☐ | ☐ | ☒ | ☐ | ☐ | ☐ |

## Präsentation

Vorstellen der Grundgedanken zum Projekt
Vorstellen der Textformen mit ihren Merkmalen, dazu Beispiele aus der Literatur
Darbietung der selbst geschriebenen Texte
Beschreibung der unterschiedlichen Wirkungen der vorgestellten Textformen
Formulierung von Erfahrungen mit dem Projekt
Formulierung von Erfahrungen mit der Arbeit im Team

---

## Ähnliche Projektthemen:

- Einen Film in Textform oder Einzelbildform übertragen
- Eine Bildergeschichte in verschiedene Textformen übertragen
- Ein Gedicht in andere Textformen übertragen
- Eine Dialog-Spielvorlage in Prosa (= zusammenhängender Erzähltext) übertragen

# Projekt 17: Eine Umfrage an der Schule durchführen

**Umfrage zur Zufriedenheit mit der Schule**
Beteiligte Fächer: Deutsch, Mathematik, Gemeinschaftskunde
Gruppengröße: ca. 5 Schüler/innen

**Ziel des Projekts ist es,**
zu ermitteln, welche Einstellung Schülerinnen und Schüler zu ihrer Schule haben.

## Nutzen des Projekts

Beitrag zum Schulleben, um aus den Äußerungen der Schülerinnen und Schüler Möglichkeiten zur Verbesserung der Schule abzuleiten

## Beschreibung des Projekts

Erwartungen der Schülerinnen und Schüler an ihre Schule ermitteln (D, Gk) – eine Umfrage zur tatsächlichen Erfüllung der Erwartungen planen und durchführen (D) – das Ergebnis darstellen (D, M) – zum Ergebnis Stellung nehmen (D)

## Arbeitsfragen

Welche Erwartungen können Schülerinnen und Schüler an ihre Schule haben?
Welche Fragen werden gestellt?
Welche Altersstufen sollen befragt werden?
In welcher Form soll die Umfrage durchgeführt werden?
Wie können die Umfrageergebnisse dargestellt werden?
Welche Schlussfolgerungen können aus den Ergebnissen gezogen werden?

## Einzelarbeiten oder Gruppenarbeiten

| | |
|---|---|
| Einzelarbeiten: | Erwartungen der Schülerinnen und Schüler formulieren |
| | Fragebogen herstellen |
| Gruppenarbeiten: | Fragen formulieren |
| | Antworten auswerten |
| | Ergebnisse darstellen |
| | Konsequenzen aus den Ergebnissen formulieren |

### Informationsquellen

Befragung der Mitschülerinnen und Mitschüler

### Ordnungskategorien

| Erwartungen | Umfrageform | Umfrageergebnisse |
|---|---|---|
| *Merkmale des Unterrichts, Verhalten der Lehrkräfte, besondere Angebote, Gemeinschaftsveranstaltungen, Schulgebäude* | *Schriftliche Form: z. B. Fragebogen*<br>*Mündliche Form: z. B. Interview*<br>*Zeitpunkt der Umfrage: z. B. große Pause, in der Unterrichtszeit*<br>*Einschätzungsskala: z. B. sehr zufrieden/zufrieden/nicht zufrieden* | *Aufbereitung in Säulen und Tabellen, Schlussfolgerungen für den Unterricht, Lehrkräfte, besondere schulische Angebote, Schulgebäude* |

### Möglichkeiten zur Ergebnisdarstellung

| Darstellungsformen | Text | Bild | Liste | Grafik | Karte | Plakat | Heft | Modell | Aktion | Objekt |
|---|---|---|---|---|---|---|---|---|---|---|
| Erwartungen | ☒ | ☐ | ☒ | ☐ | ☐ | ☐ | ☐ | ☐ | ☐ | ☐ |
| Umfrageform | ☒ | ☐ | ☒ | ☐ | ☐ | ☐ | ☐ | ☐ | ☐ | ☐ |
| Umfrageergebnisse | ☐ | ☐ | ☒ | ☒ | ☐ | ☐ | ☐ | ☐ | ☐ | ☐ |
| Präsentation | ☐ | ☐ | ☐ | ☐ | ☐ | ☒ | ☐ | ☐ | ☒ | ☐ |

### Präsentation

Vorstellen der Grundgedanken zum Projekt
Vorstellen der Fragen
Vorstellen der Umfrageergebnisse
Formulierung von Schlussfolgerungen aus den Ergebnissen
Formulierung von Erfahrungen mit dem Projekt
Formulierung von Erfahrungen mit der Arbeit im Team

### Ähnliche Projektthemen:

- Eine Umfrage zu den Lesegewohnheiten der Mitschülerinnen und Mitschüler durchführen
- Eine Umfrage zur Arbeit der SMV (Schülermitverantwortung) durchführen
- Eine Umfrage zum Angebot an Arbeitsgemeinschaften durchführen
- Eine Umfrage zum Pausenangebot durchführen

# Projekt 18: Bücher als Lesestoff beschaffen

**Umgang mit Einrichtungen und Informationsquellen**
Beteiligte Fächer: Deutsch, Erdkunde, Geschichte, Biologie
Gruppengröße: ca. 3–4 Schüler/innen

**Ziel des Projekts ist es,**
die Wichtigkeit des Lesens zu verdeutlichen und Möglichkeiten darzustellen, wie man sich über Bücher als Leseangebot informieren kann.

## Nutzen des Projekts

Persönlicher Nutzen durch das Kennenlernen von Informationsmöglichkeiten über Bücher

## Beschreibung des Projekts

Lesebedürfnisse ermitteln (D) – Informationsmöglichkeiten über Leseangebote sammeln (D) – Einrichtungen und Informationsverfahren beschreiben (D) – Beispiele zur Buchauswahl und zur Buchinformation geben (Ek, G, Bio) – Planung und Durchführung eines Rollenspiels zur Verkaufsberatung in einer Buchhandlung

## Arbeitsfragen

Welche Gründe gibt es zu lesen?
Welche Arten von Büchern gibt es?
In welchen Einrichtungen kann man Bücher bekommen?
Wie sind diese Einrichtungen aufgebaut und wie benutzt man sie?
Wie kann man sich über ein bestimmtes Buch informieren?

## Einzelarbeiten oder Gruppenarbeiten

| | |
|---|---|
| Einzelarbeiten: | über Leseinteressen nachdenken |
| | Einrichtungen zum Kauf von Büchern erkunden |
| | Einrichtungen zur Ausleihe von Büchern erkunden |
| | Informationen über bestimmte Bücher einholen |
| Gruppenarbeiten: | Leseinteressen zusammenstellen |
| | Aufbau einer Buchhandlung beschreiben |
| | Aufbau einer Leihbücherei beschreiben |
| | Funktionieren der Ausleihe in einer Leihbücherei beschreiben |
| | Vorbereitung eines Rollenspiels: Verkaufsberatung für ein Buch |

## Informationsquellen

Buchhandlung
öffentliche Leihbücherei (Bibliothek)
Veröffentlichungen der *„Stiftung Lesen", Fischtorplatz 23, 55116 Mainz*

## Ordnungskategorien

| Leseinteressen | Einrichtungen | Information über Bücher |
|---|---|---|
| *Unterhaltung, Wissenserweiterung, Auseinandersetzung mit einem Thema* | *Buchhandlung: Abteilungen, Rubriken*<br>*Bibliothek: Rubriken, Katalog* | *Katalog, Umschlagtext, persönliche Beratung, Buchbesprechungen, Buchpreise* |

## Möglichkeiten zur Ergebnisdarstellung

| Darstellungsformen | Text | Bild | Liste | Grafik | Karte | Plakat | Heft | Modell | Aktion | Objekt |
|---|---|---|---|---|---|---|---|---|---|---|
| Leseinteressen | ☒ | ☐ | ☒ | ☒ | ☐ | ☐ | ☐ | ☐ | ☐ | ☐ |
| Einrichtungen | ☐ | ☐ | ☒ | ☐ | ☐ | ☐ | ☐ | ☐ | ☐ | ☐ |
| Buchinformationen | ☒ | ☐ | ☐ | ☐ | ☐ | ☐ | ☐ | ☐ | ☐ | ☐ |
| Präsentation | ☐ | ☐ | ☐ | ☐ | ☐ | ☒ | ☐ | ☐ | ☒ | ☐ |

## Präsentation

Vorstellen der Grundgedanken zum Projekt
Vorstellen möglicher Leseinteressen
Vorstellen der Einrichtungen: Buchhandlung und Bibliothek
Darstellen der Informationsmöglichkeiten über Bücher
Praktisches Beispiel: Rollenspiel zu Informationen über ein bestimmtes Buch
Formulierung von Erfahrungen mit dem Projekt
Formulierung von Erfahrungen mit der Arbeit im Team

---

## Ähnliche Projektthemen:

- In einer Videothek ausleihen
- In einem Antiquariat (= Buchhandlung mit alten, gebrauchten Büchern) einkaufen
- In einer Schülerbücherei ausleihen
- In einer CD-Abteilung im Musikgeschäft oder im Kaufhaus einkaufen

# Projekt 19: Die Herkunft von Straßennamen erkunden

**Erkundung der Bedeutung von Straßennamen im Wohnort**
Beteiligte Fächer: Deutsch, Geschichte, Erdkunde
Gruppengröße: ca. 4 Schüler/innen

**Ziel des Projekts ist es,**
die Straßennamen des Wohnorts zu erkunden, das System der Namensgebung herauszufinden und der Herkunft einzelner Namen nachzugehen.

## Nutzen des Projekts

Erweiterung der Kenntnis von der eigenen Lebensumgebung und leichtere Orientierung im Wohnort

## Beschreibung des Projekts

Nutzen des Wissens über die Straßennamen erläutern (D) – System der Namensgebung klären – einzelne Namen erkunden und erklären (Ek, G, D) – die Erkenntnisse darstellen (D)

## Arbeitsfragen

Welchen Nutzen bringt es, sich über die Namensgebung der Straßen zu informieren?
Wo bekommt man ein komplettes Straßenverzeichnis des Ortes?
Gibt es einen Sinnzusammenhang der Straßennamen in den Wohnvierteln?
Wo kann man Informationen über einzelne Straßennamen erhalten?
Gibt es besonders auffällige oder interessante Straßennamen?

## Einzelarbeiten oder Gruppenarbeiten

| | |
|---|---|
| Einzelarbeiten: | Straßenverzeichnis beschaffen |
| | Sinnzusammenhang der Straßennamen suchen |
| | Informationen über einzelne Straßennamen beschaffen |
| Gruppenarbeiten: | System der Straßenbenennung am Wohnort zusammenstellen |
| | Erklärung besonderer Straßennamen ermitteln und formulieren |

### Informationsquellen

Gemeindeämter
Adressbuch
Ortsplan
Bücher zur Ortsgeschichte, Lexikon

### Ordnungskategorien

| Straßenverzeichnis | Namensgebung | Ergebnisdarstellung |
|---|---|---|
| *Einteilung: Wohnviertel im Wohnort, Gemeinden im Ortsverband* | *Persönlichkeiten: Politiker, Musiker, Dichter, geschichtliche Personen Geografische Namen: Berge, Städte, Flüsse, Orte* | *Markierung im Ortsplan, Erklärung einzelner Namen* |

### Möglichkeiten zur Ergebnisdarstellung

| Darstellungsformen | Text | Bild | Liste | Grafik | Karte | Plakat | Heft | Modell | Aktion | Objekt |
|---|---|---|---|---|---|---|---|---|---|---|
| Straßenverzeichnis | ☐ | ☐ | ☒ | ☐ | ☒ | ☐ | ☐ | ☐ | ☐ | ☐ |
| Namensgebung | ☒ | ☐ | ☒ | ☐ | ☐ | ☐ | ☐ | ☐ | ☐ | ☐ |
| Ergebnisdarstellung | ☒ | ☐ | ☒ | ☐ | ☒ | ☐ | ☐ | ☐ | ☐ | ☐ |
| Präsentation | ☐ | ☐ | ☐ | ☐ | ☒ | ☒ | ☒ | ☐ | ☐ | ☐ |

### Präsentation

Vorstellen der Grundgedanken zum Projekt
Vorstellen des Systems der Namensgebung der Straßen
Erklärung einzelner Namen
Formulierung von Erfahrungen mit dem Projekt
Formulierung von Erfahrungen mit der Arbeit im Team

### Ähnliche Projektthemen:

- Entstehung von Brauchtum am Ort oder in der Umgebung erklären
- Entstehung größerer Bauwerke am Ort oder in der Umgebung erklären
- Spuren der Geschichte am Ort oder in der Umgebung erklären
- Entstehung von Kirchen am Ort oder in der Umgebung erklären

# Projekt 20: Eine Wetterbeobachtung durchführen

**Darstellung der Entwicklung von Niederschlägen und Temperaturen**
Beteiligte Fächer: Deutsch, Erdkunde, Mathematik
Gruppengröße: ca. 4 Schüler/innen

**Ziel des Projekts ist es,**
das Wetter am Wohnort über einen längeren Zeitraum zu beobachten und die Beobachtungen in anschaulicher Form darzustellen.

## Nutzen des Projekts

Aussagen über Wetter und Klima am Wohnort aufgrund eigener Beobachtung treffen

## Beschreibung des Projekts

Erscheinungsformen des Wetters feststellen (Ek) – praktische Wetterbeobachtungen durchführen – die ermittelten Daten auswerten und anschaulich darstellen (M) – Erkenntnisse über das Wetter formulieren (D)

## Arbeitsfragen

Welche Wettermerkmale gibt es?
Wo kann man sich informieren?
Welche Bobachtungen kann man selbst durchführen?
Wann sollen die Beobachtungen durchgeführt werden?
Gibt es Messinstrumente für die Wettererscheinungen?
Wie können die Messergebnisse dargestellt werden?
Welche allgemeinen Aussagen zum Wetter am Wohnort können gemacht werden?

## Einzelarbeiten oder Gruppenarbeiten

| | |
|---|---|
| Einzelarbeiten: | Informationen zur Wetterbeobachtung beschaffen |
| | Messgeräte herstellen oder beschaffen |
| | Beobachtungen durchführen und festhalten |
| | Messungen durchführen und festhalten |
| Gruppenarbeiten: | Messergebnisse aufbereiten und grafisch darstellen |
| | Erkenntnisse aus den Bebachtungen und Messungen formulieren |

## Informationsquellen

Bücher zur Wetterkunde
Informationen von Wetterstationen
Wetterangaben/Wetterkarte aus Tageszeitung/Rundfunk/Fernsehen
Besuch einer Wetterwarte
Informationen aus dem Internet

## Ordnungskategorien

| Beobachtung/Messung | Messbares | Ergebnisdarstellung |
|---|---|---|
| *Begriffe der Meteorologen (Wetterforscher): Sonnenschein, Bewölkung, Niederschlag, Temperatur<br>Besondere Wetterformen: Gewitter, Sturm, Hagel* | *Sonnenscheindauer, Regenhäufigkeit, Niederschlagsmengen, Temperaturhöhen, Schneehöhe* | *Verlaufskurven für Temperaturen, Mengengrafik für Niederschläge, Erkenntnisse aus den Messungen und Beobachtungen* |

## Möglichkeiten zur Ergebnisdarstellung

| Darstellungsformen | Text | Bild | Liste | Grafik | Karte | Plakat | Heft | Modell | Aktion | Objekt |
|---|---|---|---|---|---|---|---|---|---|---|
| Beobachtung/Messung | ☒ | ☐ | ☒ | ☐ | ☐ | ☐ | ☐ | ☐ | ☐ | ☐ |
| Messbares | ☐ | ☐ | ☒ | ☒ | ☐ | ☐ | ☐ | ☐ | ☐ | ☐ |
| Ergebnisdarstellung | ☒ | ☐ | ☒ | ☒ | ☐ | ☐ | ☐ | ☐ | ☐ | ☐ |
| Präsentation | ☐ | ☐ | ☐ | ☐ | ☐ | ☒ | ☐ | ☐ | ☐ | ☐ |

## Präsentation

Vorstellen der Grundgedanken zum Projekt
Vorstellen der Wettererscheinungen
Vorstellen der Beobachtungen und Messtechniken
Darstellen der Beobachtungs- und Messergebnisse
Formulierung von Erkenntnissen aus den Beobachtungs- und Messergebnissen
Formulierung von Erfahrungen mit dem Projekt
Formulierung von Erfahrungen mit der Arbeit im Team

---

## Ähnliche Projektthemen:

- Eine Marktbeobachtung (Entwicklung des Warenangebots) durchführen
- Eine Tierbeobachtung durchführen
- Eine Verkehrsbeobachtung durchführen
- Eine Verhaltensbeobachtung (Spielplatz, Kindergarten) durchführen